Michael Laitman

IŠ CHAOSO Į HARMONIJĄ

KABALOS
STUDIJŲ
CENTRAS

Versta iš:
Michael Laitman,
From Chaos to Harmony,
Laitman Kabbalah Publishers, Toronto, Canada

VšĮ „Kabalos studijų centras"
info@kabala.lt

Antras, pataisytas leidimas

© Published by Laitman Kabbalah Publishers 2023
ISBN 978-1-77228-135-4

Turinys

	Įvadas 4
I.	Noras – gamtos pagrindas 13
II.	Malonumo ribos 22
III.	Altruizmas – gyvenimo principas 31
IV.	Pusiausvyros pažeidimas 41
V.	Paklusimas gamtos dėsniams 55
VI.	Kelias į laisvę 72
VII.	Laisvo pasirinkimo realizavimas 79
VIII.	Realizuoti gyvenimo tikslą pasirengta 88
IX.	Tobulumo ir amžinybės tikrovė 99
X.	Pusiausvyra su gamta 114

Įvadas

Ne paslaptis, kad žmonija išgyvena gilią krizę. Daugelis jau patiria tai savo kailiu. Beprasmybė, nusivylimas, tuštuma užtvindė mūsų gyvenimą; šeimos instituto ir švietimo sistemos griuvimas, narkomanija, ekonominis bei politinis nesaugumas, branduolinio karo grėsmė, ekologinės nelaimės – visa tai tik dalis problemų, temdančių dabartinę situaciją ir ateities perspektyvas. Akivaizdu, kad praradome gebėjimą kontroliuoti savo gyvenimą ir pasaulinių įvykių eigą.

Kaip žinome, teisinga diagnozė – jau pusė gydymo. Todėl norėdami surasti mūsų problemų sprendimą, turime suprasti jų priežastį. Patikimiausia būtų remtis žmogaus ir pasaulio prigimties pažinimu. Ištyrę savo prigimtį ir mus veikiančius dėsnius, suprasime, kur klystame ir kaip galima išeiti iš susidariusios padėties.

Supančio pasaulio tyrinėjimai rodo, kad negyvojo, augalinio ir gyvūninio lygmenų atstovai gamtos valdomi pagal jų prigimtines savybes ir instinktus. Jų elgesys nei geras, nei blogas – jie tik paklūsta iš anksto nustatytiems dėsniams, išlaikydami harmoniją tarpusavy ir su gamta.

Kita vertus, įdėmus žmogiškosios prigimties nagrinėjimas išryškina principinį jos ir likusios gamtos skirtumą. Žmogus – vienintelė pasaulio būtybė, gebanti patirti malonumą išnaudodama artimą, rodydama jam savo pranašumą ir jį valdydama. Tik žmogus jaučia malonumą išsiskirdamas iš kitų, dominuodamas. Taip reiškiasi žmogaus egoizmas – būtent jis ir trikdo gamtos pusiausvyrą. Mūsų noras mėgautis augo per visą istoriją. Pradžioje buvo tik paprasti būtiniausi poreikiai – valgis, seksas, šeimyninis gyvenimas. Vėliau ėmė vystytis kita norų pakopa – turtų, garbės ir šlovės, valdžios, žinių apie pasaulį troškimai. Šis procesas skatino žmonijos raidą, naujas visuomenės formacijas, kartu ir švietimo, kultūros, mokslo, technologijos bei kitų sričių pažangą. Mes energingai žengėme pirmyn visiškai įsitikinę, jog progresas ir ekonominė gerovė patenkins mūsų poreikius, padarydami mus laimingesnius nei anksčiau. Tačiau šiandien aiškėja, kad šis tūkstantmetis vystymasis, priešingai nei tikėjomės, nuvedė mus į aklavietę.

Tiesa ta, kad noro mėgautis neįmanoma patenkinti kuriam nors laikui. Kiekvienas mes įsitikinome tuo ne kartą, kai ne vienerius metus mus valdė vienas ar kitas siekis. Šiaip ar taip, per trumpą laiką malonumas išblėsta, užtenka tik gauti ko nori. Ir vėl užplūsta tuštuma, ir žmogus vėl vaikosi naujų tikslų vildamasis, kad jie numalšins jo troškulį.

Šie ciklai būdingi tiek žmogui, tiek ir apskritai

visuomenei. Sukaupta tūkstantmetė patirtis neginčijamai liudija, jog mes nepajėgūs pasiekti stabilios laimės ar bent užtikrinti savo svarbiausių poreikių patenkinimą. Žmoniją apėmęs sąmyšis, nusivylimas, ir šis procesas lemia mūsų epochos krizę.

Negana to, iš kartos į kartą nuolat stiprėjo natūralus egoistinis žmogaus polinkis mėgautis artimo sąskaita. Šiandien žmonės visomis jėgomis, kokių nebūta anksčiau, mėgina pasipelnyti iš svetimų nelaimių. Nepakantumas, žmonių susvetimėjimas, neapykanta pasiekė gąsdinantį mastą ir kyla abejonių dėl tolesnės žmonijos raidos.

Tyrinėdami gamtą matome, kad visų organizmų gyvybinės veiklos principas iš esmės skiriasi nuo egoistinio žmogaus elgesio. Gamtoje vyrauja altruistiniai dėsniai, rūpinamasi savo artimu. Gyvo kūno ląstelės susivienija dėl bendrų interesų viską atiduodamos viena kitai. Kiekviena ląstelė gauna tik tai, kas būtina jai egzistuoti, ir visomis jėgomis rūpinasi bendra gerove. Visuose gamtos lygmenyse individas, būdamas visumos dalis, veikia bendram labui ir todėl yra tobulas. Neįmanoma įsivaizduoti gyvo kūno egzistavimo be altruistinio pagrindo, o egoizmas tik kliudo gyventi.

Šiandien mokslas, remdamasis daugeliu įvairių sričių tyrinėjimų, prieina prie išvados, jog ir visa žmonija yra bendras gyvas kūnas. Tačiau kol kas mes šito nesuvokiame. Atėjo laikas pabusti ir suprasti, kad dabartinės problemos ne atsitiktinės ir jų neišspręsi jokiais ankstesniais metodais. Jos nesibaigs – priešingai, aštrės taip, kad būsime priversti ir mes (visa žmonių visuomenė) paklusti universaliam gamtos altruizmo dėsniui.

Visi neigiami mūsų gyvenimo reiškiniai, ir individualūs, ir globalūs, yra gamtos dėsnių nepaisymo padarinys. Mes aiškiai suprantame, jog kvaila šokti nuo stogo viliantis, kad žemės traukos dėsnis nesuveiks. Tačiau paprastas faktas, jog visuomenės gyvenimą, mūsų tarpusavio santykių sistemą valdo absoliutūs gamtos dėsniai, mums nėra toks aiškus. Todėl šiandien turime sustoti, ištirti save, suprasti, kuo prieštaraujame gamtos dėsniams, ir rasti kelią į harmoningą egzistavimą. Viskas priklauso tik nuo mūsų įsisąmoninimo: juo geriau suprasime natūralius dėsningumus, tuo mažiau smūgių teks patirti ir tuo sparčiau tobulėsime.

Gyvo kūno lygmenyje altruizmas įdiegtas kaip nekintamas egzistavimo dėsnis, o žmogaus lygmenyje panašius santykius turime suformuoti patys. Gamta tai paliko žmonėms, kad jie savo jėgomis pakiltų į naują, aukštesnę būties pakopą. Tuo žmogus ir skiriasi nuo visų kitų kūrinių.

Šios problemos sprendimo kelius aptarsime detaliau. Juk žmogiškosios prigimties pakeitimas – ne juokai. Mes sukurti egoistai ir negalime tiesiogiai priešintis savo egoizmui (mūsų prigimčiai). Visa išmintis – rasti metodiką, su kuria kiekvienas egoistas panorėtų žiūrėti į artimą kitaip, susijungti su juo, kaip jungiasi vieno kūno dalys.

Neatsitiktinai gamta įskiepijo mums visuomeninius santykius. Įsigilinę į žmonijos elgesio motyvus aptiksime, jog mūsų veiksmų tikslas – užsitarnauti aplinkinių pagarbą. Būtent visuomenės pripažinimas mus įkvepia, o nepripažinimas arba pasmerkimas verčia stipriai kentėti. Pats baisiausias žmogaus jausmas – gėda prieš visuomenę. Todėl mes linkę priimti visuomenės nustatytas vertybes ir paklusti jos prioritetų tvarkai. Vadinasi, jei pavyks reorganizuoti šią tvarką taip, kad altruistinės vertybės (susijungimas su artimu, rūpinimasis vienas kitu) taptų svarbiausios, kiekvienas galėsime pakeisti savo požiūrį į artimą.

Jeigu visuomenė žmogų vertins tik pagal jo atsidavimą bendriems interesams, mes neišvengiamai visomis mintimis ir veiksmais sieksime aplinkinių gerovės. Pavyzdžiui, jeigu žmonės bus gerbiami už jų rūpinimąsi visuomene, jeigu būtent dėl to vaikai gerbs tėvus, jeigu draugai, artimieji ir bendradarbiai susidarys apie mus nuomonę tik pagal mūsų gerą požiūrį į artimą, tada visi norėsime elgtis taip, kad užsitarnautume visuomenės pripažinimą.

Ir tada palaipsniui įsitikinsime, kad altruistinis požiūris į artimą, nesvarbu, įvertino visuomenė ar ne, – savaime yra lobis, ypatinga ir kilni dovana. Ilgainiui toks požiūris taps tobulo ir beribio malonumo šaltiniu.

Nors šiandien žmonija egoistinė, esama rimtų prielaidų jai suartėti ir susilieti su gamtos altruizmo dėsniu. Mūsų išsilavinimas ir kultūra nuo seno grindžiami altruistiniais principais. Šeimoje ir mokykloje mokome vaikus būti dosnius, nuolaidžius, mandagius ir draugiškus. Mes skatiname juos užmegzti draugiškus santykius su kitais ir norime, kad jie gerai elgtųsi su artimais, nes tai teisinga, tokie santykiai tausoja žmogų. Niekas jiems neprieštaraus. Be to, intensyvus masinės informacijos priemonių plitimas mūsų dienomis leidžia labai greitai paskleisti altruistines žinias viso pasaulio žmonėms. Tai pagrindinis faktorius, kuris sudaro žmonijai galimybę įsisąmoninti sparčiai gilėjančią krizę ir būtinybę globaliai spręsti šią problemą. Ir tai dar ne viskas. Nors šiandien mus stumia būtent būtinybė spręsti šio meto problemas, ateityje atsiras ir kitų paskatų. Žmogus, formuojantis teisingą savo požiūrį į artimą, palaipsniui atskleidžia kitą dimensiją, kurios anksčiau nežinojome, kuri yra aukščiau visų mūsų ankstesnių pasiekimų. Žmogus prisiliečia prie gamtos tobulumo.

Per daugelį kartų sukaupėme pakankamą patirtį, kad suprastume, kur mus veda gamtos vystymosi dėsniai. Mes galėsime žengti pirmą reikšmingą žingsnį įgyvendindami gamtos dėsnius, galėsime įsisąmoninti, jog priklausome vienai bendrai gamtos sistemai, ir pajausti tobulą harmoniją, slypinčią šioje vienybėje.

Pirmoje dalyje apžvelgsime asmeninius XXI a. problematikos aspektus. Tai padės mums suprasti, iš kur kyla globalios bei individualios pasaulio problemos ir koks yra tikslus metodas joms spręsti.

Kaip jau sakėme, šiuolaikinių problemų sprendimo raktas – įsisąmoninimas. Pamatysime, kokie mūsų įsisąmoninimo pakitimai būtini ir kodėl. Tačiau iš pradžių pažvelkime į faktus, atskleidžiančius dabartinę asmenybės būseną. Šių faktų žinojimas atliks svarbų vaidmenį aiškinantis sprendimą, kurį vėliau pateiksime.

Paskutinis mūsų istorijos šimtmetis pasižymėjo galingu mokslo šuoliu, technikos pažanga, tačiau kartu mes nustebę ir bejėgiškai nuleidę rankas žiūrime į baisius reiškinius, kurie palietė pačias įvairiausias sferas ir kurie nenumaldomai stiprėja. Šiandien daugelio žmonių nepatenkina gyvenimas, didėja netikrumas, beprasmybės, tuštumos, kartėlio ir nusivylimo jausmas. Dėl šios priežasties neretai griebiamasi raminamųjų priemonių ar narkotikų, pasiduodama kitiems pragaištingiems potraukiams, kurie padeda rasti laikiną nusiraminimą ir surogatinę pilnatvę.

XXI amžiuje žmoniją užplūdo nusivylimo ir depresijos epidemija. Remiantis Pasaulio sveikatos organizacijos (PSO) duomenimis[1], kas ketvirtas žmogus savo gyvenime persirgs dvasine liga.

---

[1] *World Health Organization, Mental health, Depression* (Pasaulio sveikatos organizacija, dvasinė sveikata, depresija), http://www.who.int/mental_health/management/depression/definition/en; *WHO, Fact sheet: Mental and neurological disorders* (PSO, duomenų lentelė, psichiniai ir neurologiniai sutrikimai), http://www.who.int/whr/2001/media_centre/en. Duomenys paimti iš interneto svetainės www.who.int/topics/depression.

Per paskutiniuosius penkiasdešimt metų itin padaugėjo žmonių, kenčiančių nuo depresijos. Šis reiškinys paliečia vis jaunesnius gyventojų sluoksnius. Manoma, kad 2020 metais dvasinės ligos, ypač depresija, užims antrą vietą bendroje pasaulio statistikoje.

Depresija – viena iš pagrindinių savižudybių priežasčių.[2] Kiekvienais metais daugiau nei milijonas pasaulio žmonių baigia gyvenimą savižudybe ir dar 10-20 milijonų nesėkmingai bando tai padaryti.

Pasaulio statistika (įtraukdama ir vaikus bei jaunimą) rodo aiškią savižudybių didėjimo tendenciją. Daugelio specialistų nuomone, savižudybės atspindi „užguitumą" socialinėje aplinkoje, be to, galima laikyti, jog savižudybės yra visuomenės gerovės ir netgi išsivystymo rodiklis.

Paskutiniaisiais dešimtmečiais narkomanija iš paprasto negatyvaus reiškinio pavirto viena pagrindinių pasaulio visuomenės problemų. Nė vienas visuomeninės hierarchijos sluoksnis neturi jai imuniteto. Mūsų laikais praktiškai visi jaunimo atstovai žino apie narkotikų vartojimą. Ši grėsmė tyko net pradinių mokyklų vaikų ir paauglių. JAV žmonės, prisipažinę naudoję narkotikus,

---

[2] *World Health Organization, Mental health, suicide rates per 100,000 by country, year and sex* (PSO, psichikos sveikata, savižudybių statistika 100 000 žm. pagal šalis, amžių, lytį), http://www.who.int/mental_health/prevention/suicide//en/Figures_web0604_table.pdf.

sudaro 42 proc. šalies gyventojų.[3] Europoje kokaino vartojimas pasiekė naują rekordą – pusketvirto milijono „vartotojų". Tarp jų vis daugiau žmonių, turinčių aukštąjį išsilavinimą, ir aukštos kvalifikacijos specialistų iš išsivysčiusių šalių.[4] Neatsilieka ir šeimos institutas – jam irgi būdinga griuvimo tendencija. Pagal statistiką skyrybų, susvetimėjimo ir prievartos atvejų šeimoje didėja kiekvienais metais. Tačiau šie procesai mūsų beveik nejaudina, prie jų tiesiog pripratome. Anksčiau tai buvo ekstremalu, o dabar tapo norma. Neturėdami veiksmingų priemonių priešintis, susitaikome su situacija, kad sumažintume kančias, kurias ji teikia. Tai savotiškas apsaugos mechanizmas. Ir vis dėlto tai nereiškia, kad mūsų gyvenimas negali būti visiškai kitoks.

---

[3] *The White House Office of National Drug Control Policy (ONDCP), Drug Policy Information Clearinghouse, Fact Sheet, March 2003* (Baltųjų rūmų narkotikų kontrolės nacionalinės politikos biuras, Narkotikų politikos informacinis centras, duomenų lentelė, 2003, kovas).
[4] Išsami ataskaita JTO interneto svetainėje: http://www.unodc.org/unodc/en/world_drug_report.html.

I

Noras – gamtos pagrindas

Viena priežastis, vienas sprendimas

Šiuolaikinė krizė jaučiama visais aspektais – nuo globalių iki asmeninių. Praktiškai ji apima visus gamtos lygmenis: negyvąją gamtą, augalinę, gyvūninę pakopą, taip pat žmonių visuomenę. Todėl nepakanka koreguoti atskiras sritis – reikia surasti visų problemų šaknį ir stengtis ją pašalinti.

Šiame skyriuje atskleisime, jog daugelis mus liūdinančių reiškinių kyla tik dėl vienos priežasties. Ją supratę galėsime rasti vienintelį universalų, visapusišką sprendimą.

Pradėkime nuo žmogaus ir pasaulio prigimties įsisąmoninimo. Gamtos dėsnių apmąstymas padės pamatyti, kur klystame ir ką turime daryti, kad ne tik įveiktume šio vystymosi etapo sunkumus, bet ir imtume judėti į žymiai šviesesnę bei geresnę ateitį.

Skirtingų gamtos materijos būsenų nagrinėjimas rodo, kad pagrindinis bet kurios formos ir bet kurio objekto siekis – palaikyti savo egzistenciją. Kiekvienos būsenos materijoje šis siekis pasireiškia kitaip, varijuodamas pagal savo specifiką. Griežtai nustatyta kietųjų kūnų struktūra trukdo svetimam kūnui įsiskverbti „į jų valdas", o kiti kūnai, atvirkščiai, išsisaugo judėdami ir kisdami. Kyla klausimas: kas verčia materiją elgtis tam tikru būdu ir izoliuotis nuo kitų jos rūšių? Kokia bet kurio objekto veiksmų priežastis?

Mūsų stebimas materijos elgesys primena vaizdą televizoriaus ekrane. Matome aiškų, spalvotą vaizdą, kurį sukuria judantis kineskopo spindulys, apšviečiantis elektroliuminescencinio paviršiaus eilutes. Technikus domina ne pats vaizdas, o būtent faktoriai, kurie jį sukuria. Specialistai supranta, jog vaizdas yra tik išorinis vienų ar kitų jėgų tam tikro derinio rezultatas. Todėl jie žino, kokius elementus reikia pakeisti, kad pagerėtų aiškumas, ryškumas, kontrastiškumas ir kiti tikrovės, kurią mato akys, parametrai.

Analogiškai kiekvienas objektas ir kiekviena sistema, tarp jų ir žmogus bei visuomenė, atspindi juos sudarantį jėgų rinkinį. Bet kuri problema pradedama spręsti išsiaiškinus skirtingų lygmenų materijos elgesio schemas, todėl turime įsiskverbti giliau – ten, kur veikia jėgos, formuojančios materiją.

Giluminė bet kokios materijos ir kiekvieno objekto jėga apibūdinama kaip „noras egzistuoti". Būtent ši jėga, nustatydama savybes bei elgesį, suteikia materijai formą. Noras egzistuoti, potencialiai galintis pasireikšti begale formų ir derinių, yra visos pasaulio materijos pagrindas. Kuo aukštesnis materijos lygmuo, tuo didesniu noru egzistuoti jis pasižymi. Įvairių materijos lygmenų (negyvojo, augalinio, gyvūninio ir kalbančiojo – žmogiškojo) norai lemia juose vykstančius procesus.

Noras egzistuoti veikia dviem principais:
• saugoma esama forma, t.y. tęsiamas egzistavimas;
• prisijungiama tai, kas laikoma būtina.

Įvairūs materijos lygmenys skiriasi būtent šiuo noru. Negyvajam lygmeniui būdingas pats mažiausias noras egzistuoti, todėl jam nereikia prisijungti kažko iš išorės. Jis tik nori palaikyti savo formą, savo atomų, molekulių, kristalų ir pan. struktūrą. Visa kita, siekdamas išvengti pokyčių, jis atstumia. (Pavyzdžiui, deimantas normaliomis sąlygomis nestabilus, jam geriausia – aukštas slėgis ir aukšta temperatūra, tačiau jis yra tvirtumo ir stabilumo etalonas.) Iš to ir kyla šio lygmens pavadinimas – „negyvasis".

Augalinis lygmuo turi didesnį norą egzistuoti, kuris kokybiškai skiriasi nuo ankstesnės pakopos noro. Šis lygmuo keičiasi, jis „nepasitenkina" vien savo egzistavimo palaikymu, atvirkščiai, jame vyksta tam tikri procesai. Jo santykis su aplinka aktyvus. Augalai atsisuka į saulės spindulius, šaknimis veržiasi prie vandens šaltinių. Augalų gyvenimas priklauso nuo aplinkos: nuo saulės, lietaus, vėjo, temperatūros ir drėgmės. Gaudamas iš išorės egzistavimui ir vystymuisi reikalingas medžiagas augalas jas skaido, ištraukia tai, kas reikalinga, ir išskiria žalingas priemaišas. Taip jis ir auga būdamas gerokai labiau priklausomas nuo aplinkos nei negyvasis lygmuo. Be to, augalams galioja gyvenimo ciklai, augalai gyvena ir miršta. Vienos rūšies atstovai auga, žydi, nuvysta tam tikru metų laiku, pagal bendrus dėsnius. Kiekviena rūšis vystosi pagal bendrą schemą ir jos atskiros dalys nepasižymi individualumu. Materijoje glūdinčio noro egzistuoti dydis nulemia priklausomybės nuo aplinkos ir jautrumo aplinkai laipsnį. Šis ryšys išryškėja gyvūniniame lygmenyje, kurio noras dar didesnis. Gyvūnai dažnai gyvena bandomis, jie juda ir ieškodami maisto bei gyvenimui tinkamų sąlygų keliauja iš vietos į vietą. Vieni gyvūnai turi ėsti kitus arba misti augalais, nes taip gauna jėgų palaikyti egzistavimui.

Gyvūniniame lygmenyje jau matomas tam tikras individualybės išsivystymas, sukeliantis asmeninius pojūčius bei išgyvenimus, taip pat formuojantis ir specifinius charakterio bruožus. Kiekvienas gyvūnas dėl asmeninės būtinybės jaučia aplinką, jis siekia to, kas naudinga, ir vengia to, kas galėtų pakenkti. Gyvūnams būdingas individualus gyvenimo ciklas, kiekvienas individas gimsta ir miršta jam skirtu laiku, skirtingai nei augalai, paklūstantys metų laikų kaitai.

Pagaliau maksimalus noro egzistuoti dydis atitinka žmogiškąjį lygmenį, kurį mes vadiname „kalbančiuoju". Žmogus – vienintelė būtybė, kurios vystymasis visiškai priklauso nuo panašių į ją. Jis geba skirstyti gyvenimą į praeitį, dabartį ir ateitį. Ne tik aplinka veikia žmogų, bet ir jis pats daro jai įtaką. Žmonės nuolatos keičiasi – ne tiek dėl to, kad siekia patogaus egzistavimo, kiek todėl, kad trokšta turėti tai, ką turi kiti. Tačiau ir tai ne viskas. Juk žmogus ne šiaip sau nori turėti daugiau nei artimas, jam svarbu, kad pastarasis turėtų mažiau nei jis. Tokia situacija didina santykinį žmogaus apsirūpinimo lygį ir teikia jam malonumą.

Todėl žmogaus noras išreiškiamas tokiais terminais kaip „egoizmas", „noras patirti malonumus" arba „noras pasitenkinti".

Baal Sulamas[5] apie tai sako: „Noras patirti malonumus – visa kūrinijos medžiaga nuo pradžios iki galo. Visi kūriniai, kurių įvairovei nėra ribų, ir jų valdymo keliai, atskleisti ir laukiantys savo atskleidimo, – tik noro patirti malonumus dydžiai ir laipsniai."

Žmogus – ne šiaip sau gyva būtybė, kuri „truputį labiau išsivysčiusi nei kiti gyvūnijos atstovai". Jis iš esmės skiriasi nuo gyvūninio lygmens individų. Žmonės gimsta visiškai bejėgiai, bet augdami tampa pranašesni už visas kitas gyvas būtybes. Ką tik gimęs veršiukas nuo suaugusio buliaus labiausiai skiriasi savo dydžiu ir patirtimi. O žmogaus naujagimis neturi jokių įgūdžių, jokios galimybės suprasti, kas vyksta, ir adekvačiai reaguoti, bet aug-

---
[5] Jehudis Ašlagas (1884–1954), žinomas Baal Sulamo vardu dėl jo parašytų komentarų knygai „Zohar" (*sulam* – „laiptai"), žymus šiuolaikinės vystymosi metodikos autorius.

damas įgyja tokių sugebėjimų, kurių neturi visi kiti pasaulio gyvūnijos atstovai. Įgimti gyvūniniai poreikiai nekintami ir instinktyvūs, o žmogiškieji norai vystosi ir yra perimami iš aplinkinių.

Sulig kiekvienu kitu prabudusiu mūsų noru gimsta nauji poreikiai ir jaučiame būtinybę juos tenkinti. Kad sėkmingai vykdytume šią užduotį, mūsų protas pradeda lavėti, kitaip tariant, imame mąstyti, kaip užpildyti vidines „ertmes". Taigi protinis ir intelektualinis vystymasis yra tiesioginis noro pasitenkinti augimo padarinys.

Šiuo principu vadovaujamės lavindami vaikus. Sugalvojame vaikams žaidimus, kurie meta iššūkį jų gebėjimams. Žaisdamas vaikas nori laimėti ir priverstas ieškoti naujų elgesio schemų, naujų būdų įvaldyti situaciją, optimaliai išspręsti užduotį. Palaipsniui keldami žaidimų sudėtingumo lygį auginame jaunąją kartą, kad vaikai ne trypčiotų vietoje, bet vystytųsi, nuolat judėtų pirmyn.

Jei žmogus nejaučia kokio nors trūkumo, jis niekada neišsivystys. Tik nepatenkintas noras verčia veikti mūsų protą, ieškoti problemos sprendimo kelių.

Jausmas ir protas kartu vysto norą. Vienas kitą papildydami jie didina žmogaus gebėjimą jausti ir suprasti tai, kas gali būti panaudota malonumui patirti. Todėl žmogaus noro jėga neribojama erdvės ir laiko kategorijų. Pavyzdžiui, nors žmogus ir negali pajusti įvykių, vykusių prieš tūkstantį metų, bet savo protu jis gali juos apmąstyti ir atkurti tikrąjį jausminį suvokimą. Ir atvirkščiai, patirdamas tam tikrą pojūtį žmogus gali tikrinti, kokį poveikį – teigiamą ar neigiamą – šis jam daro. Prie pojūčio jis prijungia protą ir protu analizuoja susiklosčiusią situaciją. Jausmas ir protas plečia mūsų erdvės bei laiko suvokimą, ir todėl mes jau ne tokie riboti kaip kitos rūšys. Gyvendamas visą gyvenimą vienoje vietoje žmogus gali ieškoti kontakto ir panašumo į žmones, kuriuos pažįsta tik neakivaizdžiai, netgi jei juos skiria vandenynas. Lygiai taip pat jis gali ieškoti panašiai mąstančių ne tik tarp jam imponuojančių amžininkų, bet ir tarp didžių žmonių, gyvenusių bet kuriuo žmonijos istorijos laikotarpiu.

Noro mėgautis patenkinimą jaučiame kaip užpildymą ir malonumą, o nepatenkintą norą, atvirkščiai, jaučiame kaip tuštumą, nusivylimą ir kančias. Žmogaus laimė priklauso nuo galimybės išpildyti pulsuojantį norą. Visi veiksmai, nuo paprasčiausio iki sudėtingiausio, skirti tik pasitenkinimui padidinti ir kančiai sumažinti. Iš esmės tai – dvi vieno medalio pusės. Baal Sulamas straipsnyje „Taika" rašo:

„Gamtos tyrėjai žino, kad žmogus, neveikiamas stumiančios jėgos, t. y. nenumatydamas sau naudos, neatliks nė mažiausio judesio. Pavyzdžiui, dėdamas ranką nuo kėdės ant stalo, jis numano, jog nauja poza suteiks daugiau malonumo. Jeigu jam taip neatrodytų, rankos nuo kėdės jis neatitrauktų visus septyniasdešimt savo gyvenimo metų.

Tas pats ir su sudėtingesniais kūno judesiais." Žmogus skiriasi nuo likusios gamtos ne tik savo norų jėga ir pobūdžiu, bet ir tuo, kad šie norai nuolat keičiasi ir auga tiek individo gyvenimo laikotarpiu, tiek keičiantis kartoms. O kitoms būtybėms būdingas statiškumas. Pavyzdžiui, tyrimai rodo, kad beždžionių, gyvenusių prieš tūkstantį metų, elgesys beveik identiškas šiuolaikinių beždžionių elgesiui. Tiesa, galima rasti kai kurių pakitimų, juk viskas keičiasi, bet kalbama tik apie biologinius faktorius, kurie analogiški negyvosios gamtos geologiniams procesams. O žmogus, priešingai, per istoriją patyrė svarbių ir esminių pokyčių.

Žmogiškojo noro mėgautis raida

Noro mėgautis augimas žmoguje žadino būtinybę tobulinti tai, kas jau yra, ir išradinėti kažką naujo. Kuo didesni norai, tuo didesni poreikiai, todėl vystomas intelektas ir pasiekiamas aiškesnis suvokimas. Būtent nuolatinis noro mėgautis augimas stūmė mus pirmyn, inspiruodamas žmonijos vystymąsi per visą jos istoriją.

Iš pradžių žmogaus egoizmas pasireikšdavo tik būtinais kūniškais poreikiais – maisto, sekso, šeimos ir kt. norais. Nuo senų senovės jie sudaro žmonijos pagrindą.

Tačiau žmogus gyvena visuomenėje ir todėl ima siekti aukštesnių socialinių tikslų. Noras pasitenkinti turtais, garbe, valdžia ir šlove pakeitė žmoniją. Šie norai paskatino susiskirstymą į klases, hierarchijų bei naujų visuomeninių ekonominių struktūrų susikūrimą. Vėliau žmogus panoro mėgautis žiniomis. Šis noras pasireiškė mokslo, švietimo, auklėjimo, kultūros plėtra, kuri prasidėjo Renesanso epochoje, mokslinės revoliucijos laikais, ir tęsiama iki mūsų dienų. Masinį lavinimą ir visuomenės sekuliarizaciją irgi lėmė žinių noras, reikalaujantis pažinti supančią tikrovę. Mums nuolat reikia papildomos informacijos apie pasaulį, reikia viską žinoti, viską ištirti ir viską valdyti.

Noras yra universalus pažangos faktorius, ir jei šiuo požiūriu pažvelgtume į kultūrinę, mokslinę, technologinę žmonijos raidą, prieitume prie išvados, kad būtent didėjantis noras gimdė visas idėjas, išradimus ir naujoves. Realiai tai – techniniai instrumentai, pagalbinės priemonės, kurios buvo kuriamos tik todėl, kad patenkintų noro sukeltus poreikius. Ypač svarbu akcentuoti tai, kad vystosi ne tik visos žmonijos noras mėgautis per istoriją, bet ir atskiro žmogaus noras per jo gyvenimą. Vienas po kito mumyse prabunda įvairiausi poreikiai, sudarydami skirtingus derinius ir nukreipdami viso mūsų gyvenimo eigą.

Taigi noras mėgautis – progreso variklis. Būtent jis mus stumia į priekį sąlygodamas viską, kas vyksta atskirai su žmogumi ir bendrai su žmonija. Nuolat didėjantis noras formuoja dabartį ir ateitį, į kurią einame.

II

Malonumo ribos

> Mūsų gyvenime galimos tik dvi tragedijos.
> Viena – kai negauni to, ko nori, kita – kai gauni.
> Antroji didesnė – tai jau tikra tragedija.
>
> Oskaras Vaildas, „Ledi Vindermer vėduoklė"

Patyrinėję skirtingas malonumų rūšis: žinių, valdžios, garbės, turtų, taip pat maisto, sekso ir kitų dalykų teikiamus malonumus, pamatysime, jog visais atvejais maksimalus pasitenkinimas jaučiamas pirmą kartą susilietus norui ir jo pildymui. Vos patyręs pildymą, pasitenkinimas ima blėsti. Patenkinto noro malonumas gali tęstis kelias minutes, valandas ar dienas, tačiau galiausiai jis išnyksta. Net jeigu žmogus daug metų kažko siekia, pavyzdžiui, aukštų pareigų ar garbingo mokslinio laipsnio, – vos tik jis pasiekia tikslą, malonumas išnyksta. Vadinasi, patenkindamas norą malonumas jį anuliuoja.

Maža to, malonumas, užpildęs norą ir vėliau jį palikęs, formuoja naują mūsų siekį, dvigubai didesnį už ankstesnįjį. To, kas mus tenkino vakar, šiandien, atrodo, visiškai nepakanka. Mes norime daugiau. Daug daugiau. Vadinasi, norų tenkinimas juos didina ir verčia mus dar labiau stengtis, kad galėtume užpildyti susidariusią tuštumą. Jeigu žmogus neturi siekių, jo gyvenimo pojūtis atbunka ir užgęsta. Todėl visuomenė kiekvieną savo narį nuolat aprūpina naujais norais, kurie dar vieną beveik nepastebimą akimirką suteikia gyvenimo pojūtį. Trumpą užpildymą kaskart iš naujo keičia tuštuma, ir nusivylimas didėja. Šiandien visuomenė skatina mus įsigyti vis daugiau prekių, net jeigu neturime tam pinigų. Agresyvi rinkodara, stiprus noras atitikti socialinius standartus, lengvatinės kredito sąlygos skatina pirkti daug daugiau, nei mums leidžia realios finansinės galimybės. Po kiek laiko malonus eilinio atsinaujinimo jaudulys išnyksta kaip dūmas, bet mokėti už tai tenka dar daug metų. Tokiais atvejais nusivylimas pirkiniu ilgainiui nepasimiršta, o atvirkščiai, didėja.

Turtai laimės neatneša – tą liudija naujas tyrimas (žr. publikaciją amerikiečių moksliniame žurnale „Science", 2006, birželis), atliktas vadovaujant Nobelio ekonomikos mokslų premijos laureatui profesoriui Danieliui Kanemanui[6]. Paaiškėjo, jog tokie faktoriai, kaip turtas ir sveikata, toli gražu nedaro įtakos žmogaus nuotaikai. Kasdien rinkta

---

[6] Danielis Kanemanas (Daniel Kahneman) – vienas iš psichologinės ekonomikos teorijos ir elgsenos ekonomikos pradininkų, 2002 m. apdovanotas Nobelio ekonomikos mokslų premija už psichologijos tyrinėjimų įžvalgų, ypač susijusių su žmogaus vertinimu ir sprendimų priėmimu neapibrėžties sąlygomis, integravimą į ekonomikos mokslą.

statistika apie žmonių nuotaiką nerodo turtingųjų ir nepasiturinčių gyventojų sluoksnių esminių skirtumų. Negana to, nustatyta, kad tokias neigiamas emocijas, kaip pyktį, priešiškumą, dažniau patiria gana pasiturintys žmonės. Vienas iš galimų silpno gerovės ir nuotaikos ryšio paaiškinimų – labai greitai priprasdami prie fizinio komforto bei naujo gyvenimo lygio tuoj pat imame laukti dar didesnių malonumų.

Baal Sulamas noro patirti malonumus ribotumą trumpai apibūdino tokiais žodžiais: „Šis pasaulis sukurtas kartu su poreikiu. Jame nėra turtų bei gėrybių, ir kad kas nors būtų įgyjama, reikia judėti, o būtinybė judėti, kaip žinia, žmogų liūdina. Bet pasilikti be gerovės ir nieko neįsigyti irgi neįmanoma, todėl žmonės, idant pasiektų daugiau turtų, renkasi daugybės judesių kančias. Tačiau visa nuosavybė ir visi turtai tarnauja tik patys sau, žmogus visada nori dvigubai daugiau nei turi, todėl miršta nepasiekęs ir pusės to, ko norėjo. Taigi žmonės kenčia dėl dviejų faktorių: dėl būtinybės atlikti daugybę judesių ir dėl turtų, kurių vis trūksta, poreikio." („Mokymas apie dešimt *sfirot*", 1 dalis, skyrius „Vidinė žiūra", 21 skirsnis.)

Taigi mūsų prigimtis (noras patirti malonumus) kelia mums žiaurias sąlygas: viena vertus, mūsų norai nepaliaujamai didėja, kita vertus – užpildymas, pasiektas daugybe „judesių" (t. y. veiksmų ir pastangų), juntamas tik trumpą laiką, o vėliau išnyksta, palikdamas mus dvigubai tuštesnius.

Per savo istorijos tūkstantmečius žmonija sukūrė įvairias metodikas, kad galėtų išspręsti amžiną problemą ir iš tikrųjų patenkintų norą mėgautis. Dauguma šių metodikų grindžiamos dviem pagrindiniais principais, kurie padeda „apgauti" norą, – įpročių, teikiančių pasitenkinimo jausmą, formavimu ir paties noro silpninimu.

Pirmojo principo pagrindas – išmokyti dirbtinai sąlygojamų elgesio šablonų. Iš pradžių žmogų moko, kad už atliktą tam tikrą veiksmą turi būti apdovanojama. Atlikęs tokį veiksmą, jis nusipelno pedagogų ir aplinkinių pagarbos. Vėliau apdovanojimas palaipsniui naikinamas, tačiau žmogus jau užfiksavo tą veiksmą kaip pasitenkinimo faktorių, jau įtraukė jį į elgesio schemą. Kai žmogus prie ko nors pripranta, pats veiksmas jam teikia malonumą. Jis kruopščiai atlieka tai, ko jį išmokė, ir jaučia didelį pasitenkinimą, jei pavyksta atlikti geriau nei anksčiau. Tokį principą paprastai lydi būsimų apdovanojimų, kartais pomirtinių, pažadai.

Antrasis principas – noro mėgautis mažinimas. Žmogaus, kurio noras nepatenkintas, būsena daug liūdnesnė negu žmogaus, kuris tiesiog šio noro neturi. Pirmasis kenčia, o antrasis laimingas pasitenkindamas tuo, ką turi. Šią metodiką ypač ištobulino Rytų mokymai, kuriuose parengta daugybė įvairių sistemų, pagrįstų fiziniais ir dvasiniais pratimais, mažinančiais norą, o kartu ir kančias.

Iš esmės, kol mums rūpi vaikytis eilinių malonumų, išlieka įprastas gyvenimo būdas ir tikėjimas geresne ateitimi. Nors neturėdami to, ko norime, galime jausti diskomfortą ir nepasitenkinimą, pats malonumo vaikymasis laikinai pakeičia jį patį. Vaikydamiesi jaučiame gyvybinių jėgų antplūdį, kurį sukelia atsinaujinantys norai ir judėjimas nustatytų tikslų link, kai tikimės pasitenkinti pasiekimais ar bent jau judėjimu šia kryptimi.

Iki šiol mes sėkmingai taikėme panašius metodus, bet su natūraliu noro patirti malonumus (mūsų egoizmo) augimu šie sprendimai tampa vis mažiau veiksmingi. Didėjantis egoizmas neleidžia žmogui užgniaužti savo poreikių prisitaikant prie dirbtinių sprendimų. Tai matome visose srityse ir individualiu, ir apskritai žmonijos lygmeniu.

Ryškus pavyzdys, iliustruojantis asmenybės egoizmo augimą, – šeimos instituto griuvimas. Šeimos saitai, ypač vyro ir moters santykiai, padidėjus egoizmui, pašlyja patys pirmi, nes ši sfera žmogui yra artimiausia. Didėjanti savimeilė kliudo priklausyti vienas kitam ir kęsti šeimos sąjungą.

Anksčiau šeimos modelis buvo saugomas nuo sukrėtimų ir neliečiamas, lyg kokia stabilumo salelė. Jeigu pasaulyje kildavo konfliktai, vykdavome į karą; jeigu nesutardavome su kaimynais – galėdavome pakeisti gyvenamąją vietą; bet šeima visuomet buvo patikimas prieglobstis. Net tada, kai žmogus liaudavosi jautęs šeimyninių santykių būtinybę, jis dėl vaikų ar senų tėvų, kuriais reikėjo rūpintis, toliau puoselėjo šeimą. O šiandien egoizmas taip smarkiai išaugo, kad žmogus nepaiso nieko. Skyrybų ir nepilnų šeimų vis daugėja, nors dėl to kyla nemažai problemų su vaikais. Šeimos instituto griuvimą patvirtina ir senelių namų, kurių anksčiau apskritai niekas nežinojo, paplitimas. Egoizmo augimo padariniai globalūs ir sukuria ypatingą situaciją, kurios nebuvo per visą žmonijos istoriją. Viena vertus, globalizacija atskleidžia, kiek visose veiklos srityse, tarp jų ekonomikos, kultūros, mokslo, švietimo, esame tarpusavyje susieti, kita vertus, mūsų egoizmas išsivystė tiek, kad šalia savęs nebegalime pakęsti kieno nors buvimo. Iš tikrųjų mes visada buvome vienos sistemos dalys, tačiau iki šiol savo bendrumo nesuvokėme. Gamta, vienu metu veikdama dviem priešingomis jėgomis, mums šį faktą atskleidžia. Viena jėga mus jungia, kita atstumia vieną nuo kito ir bloškia kiekvieną į savo ankštą pasaulėlį. Šiandien šių jėgų įtaka, tapdama vis grubesnė, pasireiškia kraštutinėmis formomis. Aptinkame visą globalios tarpusavio priklausomybės galią, o kartu vis didėjantis egoizmas verčia priešintis tam, kas akivaizdu. Jeigu nepakantumas, susvetimėjimas ir neapykanta nesiliaus, mes neišvengiamai sunaikinsime vienas kitą.

Baal Sulamas apie tai perspėjo iš anksto. Rankraštyje, kurį paliko gyvenimo pabaigoje ir kuris išspausdintas knygoje „Paskutinioji karta", jis rašo, kad jeigu egoistinis žmonijos vystymosi kelias radikaliai nepasikeis, žmoniją ištiks trečiasis ir net ketvirtasis pasauliniai karai, kuriuose bus panaudotos atominės bei vandenilinės bombos ir sunaikinta didžioji pasaulio gyventojų dalis. Panašiai kalbėjo ir Albertas Einšteinas: „Nežinau, kokiais ginklais kovos trečiojo pasaulinio karo metu, bet ketvirtajame pasauliniame kare kausis pagaliais ir akmenimis!" (Pasakyta viename žurnalo interviu 1949 metais.) Labai gaila, bet šiandien, kaip niekad anksčiau, jų žodžiai tikroviški ir grėsmingi.

Per visą istoriją žmonija tikėjo, kad jos laukia geri laikai, kad mes vystysime mokslą ir techniką, kultūrą ir švietimą, kurie pripildys mūsų gyvenimą džiaugsmo ir laimės. Šią koncepciją puikiai iliustruoja Orlando miesto Disnėjaus parko *Epcot*[7] centre įrengtas atrakcionas „Erdvėlaivis Žemė". Sukonstruotas praeito amžiaus devintojo dešimtmečio pradžioje jis savo lankytojams demonstruoja žmonijos raidos gaires.

Kelionė prasideda piešiniais uolose, nuosekliai pereina visus etapus (pavyzdžiui, medienos ir popieriaus naudojimo pradžią) ir pasibaigia kosmoso užvaldymu. Atrakcionas, šlovinantis žmogaus, kylančio į vis naujesnes vystymosi aukštumas, didingumą, remiasi prieš keletą dešimtmečių dominavusia koncepcija. Žmonijos istorija pateikta kaip nesiliaujantis judėjimas laimės link. Štai tuoj tuoj mes tą laimę pasieksime, ne šiandien – tai rytoj, ne mes – tai mūsų anūkai.

---
[7] *Epcot – Experimental Prototype Community of Tomorrow* (eksperimentinis rytojaus visuomenės prototipas).

Metai prabėgo ir šiandien iliuzija išblėso. Kiekvienas mūsų turi viską, apie ką prieš šimtą metų buvo galima tik svajoti. Turime galimybę linksmintis, keliauti, ilsėtis, sportuoti ir t. t. – tačiau nebetikime šviesia ateitimi. Rožinės svajonės virto niūria tikrove, tamsa, kurios požymiai: prievarta, savižudybės, teroras, ekologinė krizė, socialinis, ekonominis bei politinis nestabilumas.

Esame kryžkelėje ir įgiję patirties pradedame suprasti, kad laiminga ateitis mūsų nelaukia „išskėstomis rankomis". Atrodo, mūsų vaikai gyvens blogiau už mus. Suvokdami fakto, jog visi pasiekimai ir visos taikytos priemonės nepadarė mūsų laimingų, nujaučiame krizę visose sferose (ir asmeniniu, ir visos žmonijos aspektu). Todėl aplinkui pajuntame beprasmybę bei tuštumą – depresija ir narkomanija tapo šio laikotarpio negalavimais. Tokie yra bejėgiškumo, apėmusio mus dėl to, kad liovėmės suprasti, kaip ir kuo galime užpildyti savo norą mėgautis, požymiai. Mūsų egoizmas išaugo tick, kad nė vienas iš žinomų „vaistų" neteikia jam pasitenkinimo.

Prarastas tikėjimas ateitimi ypač būdingas jaunimui. Šiandien dauguma jaunuolių į gyvenimą žvelgia kitaip nei kažkada jų tėvai. Atrodytų, prieš žmogų – didžiulis pasaulis, siūlantis daugybę sėkmės ir saviraiškos galimybių, tačiau kaskart vis daugiau jaunosios kartos atstovų jomis nebesidomi ir nenori realizuoti savo turtingo potencialo tarsi iš anksto žinodami, jog tai neturi prasmės.

Beje, aplinkui jie mato vyresnius žmones, išeikvojusius tiek jėgų vaikantis malonumų ir vis tiek nepasiekusius laimės. Natūralu, jog toks vaizdas neskatina jų noro patiems kažko siekti. Tėvams sunku tai suprasti, jie nesugeba išsiaiškinti tokio požiūrio priežasčių, nes jų laikais viskas buvo kitaip. Taip yra todėl, kad kiekviena karta paveldi ankstesniųjų kartų sukauptą patyrimą ir nusivylimus.

Todėl nė vienas iš praeities sprendimų nepadės pagerinti dabartinio pasaulio reikalų. Tik pažinę fundamentalius gamtos dėsnius, pagal kuriuos egzistuoja kiekvienas gyvas organizmas ir apskritai gamta, galėsime suprasti savo klaidas ir rasti tobulą metodiką, padedančią patenkinti norą mėgautis, numalšinti išaugusį egoizmą. Ši metodika atves žmoniją į prasmingą, užtikrintą ir ramų gyvenimą.

III

Altruizmas – gyvenimo principas

Tirdami gamtą atskleidžiame altruizmo reiškinį. Šis terminas kilęs iš lotyniško *alter* (kitas, svetimas), jį XIX amžiuje sukūrė prancūzų filosofas Ogiustas Kontas (Auguste Comte), kuris altruizmą apibrėžė kaip egoizmo priešingybę. Be to, altruizmas dažnai apibūdinamas kaip siekimas veikti artimo labui, meilė artimui, atsidavimas ir atlaidumas kitų atžvilgiu, nesavanaudiškas rūpinimasis kitų gerove.

Iš esmės abu šie terminai – „altruizmas" ir „egoizmas" – iš visų gyvų būtybių apibūdina tik žmogų. Juk tokios sąvokos kaip „ketinimas" ir „laisvas noras" turi prasmę tik žmonių giminei. Kiti kūriniai neturi galimybės rinktis. Gavimas ir davimas, sugėrimas ir išskyrimas, taip pat laimikio medžioklė ir aukojimasis yra visiškai nulemti jų genų bei instinktų.[8] Bet mes naudosime terminus „altruizmas" ir „egoizmas" perkeltine prasme,

---

[8] Žr. Nedelcu, Michod, „*The Evolutionary Origin of an Altruistic Gene*" (Altruizmo geno evoliucinė kilmė) in *Molecular Biology and Evolution*, 2006 m. gegužė. Interneto nuoroda: http://mbe.oxfordjournals.org/cgi/reprint/msl016v1.

kad palengvintume dėsnių, kurie valdo gyvenimą gamtoje, supratimą ir padarytume mums svarbias išvadas.

Iš pirmo žvilgsnio gamta atrodo kaip individų egoistinės kovos arena, kur nugali stipriausias. Todėl tyrinėtojams kyla teorijų, paaiškinančių tiesioginius ir netiesioginius stimulus, kurie skatina individus altruistiškai elgtis, poreikis.[9] Tačiau atidžiau, visapusiškai panagrinėję atskleisime bendrą vaizdą: visų formų kova ir priešprieša skirta tik dar didesnei pusiausvyrai pasiekti, vienas kito egzistavimui palaikyti, sistemos sveikatai pagerinti ir padėti gamtai, kaip visumai, sėkmingiau vystytis.

Pusiausvyros gamtoje globalaus pažeidimo pavyzdys – praeito amžiaus paskutiniojo dešimtmečio pradžia. Tada Šiaurės Korėjos vyriausybė nutarė išgelbėti šalį nuo gyventojams įgrisusių gatvės kačių. Praėjus kelioms savaitėms po didesnės kačių dalies sunaikinimo, smarkiai padaugėjo pelių,

---

[9] Biologiniu požiūriu, altruizmas paprastai apibūdinamas kaip elgsena, duodanti naudos kitiems, – iš pirmo žvilgsnio, individo gebėjimo išgyventi ir daugintis sąskaita. Sukurta nemažai teorijų paaiškinti tokiems veiksmams. Pateiksime pagrindines koncepcijas. „Grupės atrankos" teorija teigia, kad altruizmas tarnauja grupės, kuriai priklauso individas, interesams, todėl individas taip pat naudojasi jo vaisiais. Pagal „giminių atrankos" teoriją, jeigu altruizmas skirtas giminėms, turintiems panašius genus, tai individas netiesiogiai paremia savųjų genų išlikimą. „Abipusiškumo" teorija skelbia, kad altruistinis elgesys grindžiamas tam tikra kompensacija, kurią individas gauna už savo veiksmą. „Apsisunkinimo principas" altruizmui skiria priemonės, kuria individas tikroviškai išreiškia savo ypatybes ir privalumus, vaidmenį.

žiurkių bei gyvačių, galiausiai prireikė atvežti kačių iš kaimyninių šalių.

Kitas ryškus pavyzdys susijęs su vilkais, kuriuos paprastai laikome kenksmingais ir žiauriais žvėrimis. Pradėjus jiems nykti paaiškėjo, kad nuo jų priklauso elnių, šernų, įvairių graužikų kiekio reguliavimas. Pasirodo, jog kitaip nei žmonės, kurie medžioklėje pirmenybę teikia sveikiausiems individams, vilkai medžioja sergančius ir silpnus gyvūnus. Taip grobuonys padeda išsaugoti kitų savo arealo gyvūnų sveikatą.

Gilindamiesi į gamtos tyrinėjimus mokslininkai aptinka, jog visos dalys tarpusavyje susijusios į vientisą universalią sistemą. Nors mes priskiriame gamtai savo jausmus manydami, jog jai būdingas žiaurumas, iš tiesų ėdantys vienas kitą padarai atlieka veiksmą, užtikrinantį bendros gamtos sistemos harmoniją ir sveikatą. Analogiškai mūsų kūne kas minutę miršta ir atsinaujina milijardai ląstelių – tai iš esmės ir nulemia gyvenimo tėkmę.

Gyvo kūno ląstelių harmonija. Kiekvienamé daugialąsčiame organizme matomas įdomus reiškinys. Nagrinėjant kiekvieną ląstelę atskirai, jos elgesys atrodo egoistinis, ji „galvoja" tik apie save. Tačiau, jei pažvelgsime į ją kaip į sistemos dalį, kaip į bendro kūno ląstelę, išaiškės, jog ji sau gauna tik minimumą, reikalingą egzistavimui palaikyti, o visą veiklą skiria organizmui. Ląstelė, „galvodama" tik apie bendrą naudą ir atitinkamai veikdama, elgiasi altruistiškai.

Tarp kūno ląstelių turi būti išlaikoma visiška harmonija. Kiekvienos ląstelės branduolys turi genetinį kodą, kuriame saugoma visa informacija, būtina viso kūno potencialiam kūrimui. Kiekvienos ląstelės gyvybinė veikla glaudžiai susijusi su viso kūno egzistavimu ir jo poreikiais, ląstelė funkcionuoja taip, kad patenkintų kūno poreikius. Kitaip kūnas neišgyventų. Kiekviena ląstelė derina savo egzistavimą su bendrais kūno poreikiais. Visa gyvybinė ląstelės veikla, jos dalijimosi pradžia ir pabaiga, specialių įgūdžių įgijimas, judėjimas tam tikro kūno taško link paklūsta bendriems poreikiams.

Vienijimasis sukuria naujos pakopos gyvenimą. Nors visos mūsų kūno ląstelės turi tą pačią genetinę informaciją, kiekviena ląstelė aktyvina savo paveldėtų duomenų dalį, atitinkančią jos vietą ir funkciją kūne. Pradiniuose vaisiaus raidos etapuose visos jo ląstelės identiškos, bet vėliau susirūšiuoja ir kiekviena įgauna tam tikro ląstelių tipo savybes. Kiekviena ląstelė turi savo „protą", tačiau bendras altruistinis susijungimas leidžia atsirasti naujai būtybei, vientisam organizmui, kurio protas jau priklauso aukštesnei išsivystymo pakopai. Jis būdingas ne kokiai nors atskirai ląstelei, o būtent jų susivienijimui.

Egoistinė ląstelė – tai vėžinė ląstelė. Sveikosios kūno ląstelės paklūsta daugybei dėsnių ir ribojimų. Vėžinės ląstelės, priešingai, nepaiso ribojimų. Vėžys – būsena, kai kūną griauna jo paties ląstelės, ėmusios nekontroliuojamai dauginitis. Vyktant šiam procesui vėžinė ląstelė nepaliaudama dalijasi, nekreipdama dėmesio į aplinką ir nereaguodama į kūno komandas. Sergančios ląstelės griauna aplinką, kurdamos laisvą erdvę plisti pačioms. Jos stimuliuoja artimiausias kraujagysles įaugti į piktybinį auglį, kad jį maitintų, ir taip visą kūną verčia dirbti sau. Savo egoistine veikla vėžinės ląstelės sukelia organizmo mirtį. Jos tęsia savo griaunamąjį darbą, nors neturi iš to jokios naudos. Priešingai, galiausiai kūno mirtis nusineš ir savo „žudikų" gyvybę. Visi sugebėjimai, kuriuos jos įgyja užvaldydamos kūną, veda tik į susinaikinimą. Taip ir egoizmas, lepindamas pats save, viską (ir patį save) veda mirties link. Egoistinis elgesys ir „nedėmesingumas" bendriems poreikiams – patikimas ir tiesus kelias į pražūtį.

Individo gyvenimas visumos gyvenimo atžvilgiu. Jei yra būtinybė, ląstelė dėl kūno interesų „atsisako" tęsti savo gyvenimą. Dėl genetinių deformacijų, kurios gali ląstelę paversti vėžine, ši aktyvina procesus, nutraukiančius jos gyvenimą. Baimė tapti vėžio židiniu, pavojingu visam organizmui, skatina ląstelę dėl bendro labo atsisakyti savo gyvenimo.

Analogiškus altruistinius pasireiškimus, tik kiek kitomis aplinkybėmis, matome stebėdami, pavyzdžiui, pelėsinį grybelį *Dictyostelium mucoroides*. Idealiomis aplinkos sąlygomis grybeliai egzistuoja kaip atskiros ląstelės, kurios apsirūpina maistu ir savarankiškai dauginasi. Tačiau atsiradus maisto nepritekliui, jie susijungia ir sukuria daugialąstį organizmą, kuriam formuojantis ląstelių dalis atsisako savo gyvenimo, kad išgyventų kitos ląstelės.

Pagalba artimui. Daugybę altruizmo gamtoje pavyzdžių pateikia beždžionių tyrinėtojas Fransas de Valis (Frans de Waal) knygoje „Good Natured" („Gerieji iš prigimties"). Vieno iš aprašomų eksperimentų metu dvi beždžionės buvo atskirtos permatoma pertvara, per kurią galėjo viena kitą matyti. Kiekvienai beždžionei maistas buvo paduodamas skirtingu laiku ir abi jos stengėsi per pertvarą perduoti jį viena kitai.

Stebėjimai parodė, kad beždžionės linkusios atjausti ir rūpintis artimu, kai viena jų traumuota ar turi kažkokių negalių. Neįgali beždžionė sugebėjo pragyventi dvidešimt metų sunkiomis klimatinėmis sąlygomis ir netgi išauginti penkis jauniklius tik kitų gyvūnų padedama. Kita ribotų protinių ir motorinių galimybių beždžionė išgyveno suaugusios sesers dėka, kuri ilgą laiką ją nešiojo ant nugaros ir gynė. Praradusi regėjimą patelė sulaukė vyriškosios giminės gyvūnų apsaugos. Babuinas, kurio brolį ištiko epilepsijos priepuolis, uždėjęs ranką ant pastarojo krūtinės, užtvėrė kelią asistentams, neleisdamas jiems prieiti arčiau. Taip pat elgiasi ir kiti gyvūnai. Delfinai padeda savo sužeistiems broliams ir palaiko juos vandens paviršiuje, kad šie nenuskęstų. Drambliai iš visų jėgų bandė pakelti seną mirusį dramblį, kišdami straublius ir iltis po jo kūnu, dėl to kelios iltys net lūžo. Kai medžiotojo paleista kulka peršovė dramblės plautį, kiti drambliai pasilenkė prie jos, saugodami, kad ši nenukristų ant žemės. **Kolektyvinė gyvūnų visuomenė.** Gyvūnijos pasaulis mums rodo nuostabius gyvenimo kolektyvinėje visuomenėje, kurios kiekvienas narys veikia bendrai naudai, pavyzdžius. Panašias bendruomenes galima matyti tarp skruzdėlių, žinduolių, paukščių ir kitų planetos faunos atstovų.

Biologai Avišag (Avishag) ir Amocas (Amotz) Zahavi tyrinėjo arabiškų pilkųjų strazdų[10] – paukščių giesmininkų, paplitusių Artimųjų Rytų dykumų rajonuose, kolektyvinį gyvenimą ir aprašė daug jų altruistinio elgesio formų. Arabiški pilkieji strazdai gyvena grupėmis, kartu gina savo valdas ir rūpinasi bendru lizdu. Visiems bendrai lesant, vienas paukštis iš grupės, nors ir yra alkanas, budi sargyboje. Rastą maistą paukščiai iš pradžių perduoda kitiems ir tik po to lesa patys. Suaugę maitina kitų grupės narių mažylius ir visaip jais rūpinasi. Artinantis grobuoniui, pilkieji strazdai perspėdami vieni kitus rėkia, nors taip ir patys išsiduoda. Negana to, jie rizikuoja savo gyvybe bandydami išgelbėti grupės narį, patekusį į grobuonies nagus.

---

[10] *Arabian babbler – Turdoides squamiceps.*

Tarpusavio priklausomybė. Moksliniai tyrimai pateikia daugybę tarpusavio priklausomybės pavyzdžių, iš kurių paminėsime tik vieną, rodantį augalinio ir gyvūninio lygmenų atstovų tarpusavio santykį. Tai augalo juka simbiozė su jukos drugeliu. Drugelių patelės padeda apdulkinti augalą, rinkdamos žiedadulkes iš vieno žiedo kuokelio ir tiksliai prilipdydamos jas prie kito žiedo liemenėlio[11]. Po to drugelio patelė padeda savo kiaušinėlius į purką, kur vėliau formuojasi jukos sėklos. Išsiritę vikšreliai minta užsimezgusiomis sėklomis, palikdami pakankamai daigų simbiozei tęstis. Tokia tarpusavio santykių sistema užtikrina ir drugelių, ir augalų gyvavimą.

Be vargo ir nepriteklių. Žmogaus nepaliestoje aplinkoje gyvūnai elgiasi taip, kad jų bendruomenei būtų gerai, nors įprasta manyti, kad jų pasaulyje „išlieka stipriausias". Apie tai rašo amerikiečių profesorius Bergstromas straipsnyje „Socialinio elgesio evoliucija".[12] Gyvūnai visuomet išlaiko pusiausvyrą ir teritorijos apgyvendinimo tankumas atitinka gyvenimo bei prasimaitinimo sąlygas. Nė viena biocenozės dalis nekenčia dėl nepritekliaus, nebent įvyksta „avarija", kurios

---

[11] Piestelės vidurinė dalis, kuri baigiasi viršutine dalimi – purka.
[12] Theodore C. Bergstrom, „*The Evolution of Social behavior: Individual and Group Selection Models*" (Socialinio elgesio evoliucija: individualūs ir grupiniai atrankos modeliai) in *Journal of Economic Perspectives*, 16 tomas, 2 leidimas, 2002, pavasaris, 67–88p. Šaltinis internete: http://www.wcfia.harvard.edu/seminars/pegroup/bergstrom.pdf.

padarinius bendruomenė kuo skubiau ištaiso. Apskritai bendruomenė kiekvienam individui užtikrina optimalias išgyvenimo ir geriausias supančios aplinkos resursų panaudojimo sąlygas. Gamtoje viskas nukreipta į vienybę. Gamtos evoliucija įrodo, jog procesas, kai pasaulis virsta mažu visuotiniu kaimu, neatsitiktinis. Tai natūralus civilizacijos vystymosi bendros harmonijos link etapas. Galiausiai susiformuos viena sistema, kurios visos dalys, bendradarbiaudamos dėl bendrų interesų, bus tarpusavyje susiję. Taip teigia biologė Elizabet Satoris (Elisabet Sahtouris), Pasaulio išminčių tarybos narė. Tokijo simpoziumo paskaitoje[13] ji aiškino, kad kiekvieną evoliucijos procesą sudaro individualizacijos, konfliktų ir konkurencijos etapai, kol galiausiai individai susivienija į bendrą harmoningą sistemą.

Pasak dr. Satoris, tai įrodo gyvybės vystymosi Žemėje procesas. Prieš milijardus metų Žemės rutulyje gyveno bakterijos. Jos dauginosi ir konkuravo dėl tokių gamtos išteklių, kaip maistas ir gyvenimo arealai. Konkurencija buvo akstinas susiformuoti naujam, labiau pritaikytam prie aplinkos sąlygų organizmui – bakterijų kolonijai. Iš esmės tai vientisa bakterijų bendrija, veikianti kaip vienas kūnas. Visiškai taip pat vienaląsčiai organizmai išsivystė į daugialąsčius, atsirado sudėtingi gyvi kūnai – augalai, gyvūnai ir pagaliau žmogus.

---
[13] Taip pat straipsnyje „The Biology of Globalization" (Globalizacijos biologija).

Kiekvienas individas turi savo asmeninių interesų. Tačiau evoliucijos esmė yra ta, kad visi individai susivienija į vieną kūną ir veikia dėl bendrų interesų. Dabartinius procesus, kuriuos išgyvena žmonija, dr. Satoris mato kaip būtiną etapą vienos žmonių šeimos – bendrijos atsiradimo kelyje. Ši bendrija, jeigu sugebėsime tapti visaverčiais jos nariais, užtikrins visų interesus.

Gilindamiesi į fundamentalius gamtos dėsnius matome, kad altruizmas – gyvenimo pagrindas. Kiekvieną organizmą ir kiekvieną sistemą sudaro bendrai veikiančių, viena kitą papildančių, viena kitai padedančių, nusileidžiančių ir gyvenančių altruistiniu principu „vienas už visus" ląstelių arba dalių visuma. Tęsdami tyrimus atrandame vis naujų pavyzdžių, kad visos gamtos dalys yra glaudžiai tarpusavyje susijusios ir bendras pasaulio dėsnis – „egoistinių dalių altruistinis vienijimasis", trumpiau – altruizmo dėsnis.

Gamtos jėga taip sutvarkė gyvenimą, kad kiekviena ląstelė privalo būti altruistinė kitų ląstelių atžvilgiu, idant susiformuotų gyvas kūnas. Gamta sukūrė dėsnius, pagal kuriuos ląstelės ir organai altruistiniais tarpusavio santykiais „susiklijuoja" į gyvą kūną. Vadinasi, jėga, kurianti ir palaikanti gyvenimą gamtoje, yra altruistinė meilės ir davimo jėga. Ji siekia formuoti gyvenimą, grindžiamą altruizmu, harmoningu ir subalansuotu visų visumos dalių egzistavimu.

IV

Pusiausvyros pažeidimas

> Žmogau! Neieškok blogio kaltininko;
> šis kaltininkas esi tu pats.
>
> Žanas Žakas Ruso, „Emilis, arba Apie auklėjimą"
>
> Žmogus – pats žiauriausias iš žvėrių.
>
> Frydrichas Nyčė, „Štai taip Zaratustra kalbėjo"
>
> Žmogus – vienintelis gyvūnas,
> kuris rausta. Arba turėtų rausti.
>
> Markas Tvenas, „Palei Pusiaują"

Visi gamtos komponentai, išskyrus žmogaus egoizmą, veikia pagal altruizmo dėsnį, išlaiko pusiausvyrą su savo aplinka ir sudaro harmoningas sistemas. Praradęs pusiausvyrą organizmas ima irti, todėl gebėjimas atgauti pusiausvyrą yra jo gyvybinės veiklos sąlyga. Faktiškai visos apsauginės kūno jėgos siekia išlaikyti balansą. Kalbėdami apie organizmo galią ar silpnumą turime galvoje jo gebėjimą išlaikyti pusiausvyrą.

Pusiausvyros būtinybė kiekvieną individą įpareigoja veikti altruistiškai sistemos, kurios dalis jis yra, atžvilgiu. Būtent pusiausvyros išlaikymas yra visuotinės gamtos harmonijos ir tobulumo pagrindas. Jeigu individas nepaklūsta šiam gyvenimo principui, altruizmo principui, jis kartu pažeidžia pusiausvyrą. Šiedu terminai (altruizmas ir pusiausvyra) susiję tarpusavyje kaip priežastis ir pasekmė.

Visi padarai, išskyrus žmogų, yra užprogramuoti išlaikyti pusiausvyrą ir nuolat atlieka veiksmus, reikalingus palaikyti balansui. Jie visada žino, kaip elgtis, ir neatsiduria painiose situacijose, kai neaišku, ką daryti su savimi ar su aplinka. Jie neturi laisvės, kad veiktų savu noru, ir todėl, suprantama, negali pažeisti gamtos pusiausvyros.

Tik mes, žmonės, neturime tokios veiksmų programos. Gamta nuo gimimo mums nesuteikia žinių ir instinktų, kurių pakaktų, kad galėtume gyventi išlaikydami pusiausvyrą. Todėl tiksliai nežinome, koks kelias veda į teisingą egzistavimą, t. y. į pusiausvyrą su supančiu pasauliu. Be pusiausvyros programos mes galėjome vystytis egoistine kryptimi. Ši tendencija stiprėja iš kartos į kartą ir labiausiai pasireiškia visuomeninėje sferoje. Todėl žmogus bando patenkinti savo norą mėgautis nepaisydamas kitų žmonių, nesirūpindamas jų egzistencija. Mes nesiekiame altruistiškai susijungti su artimais, kaip įprasta gamtoje, ir nežinome, kad būtent tai yra tobulas malonumas, kuris stipriai mus vilioja. Juk pusiausvyra – tobula visiškos laimės būsena, kai visur tvyro harmonija, kai nėra reikalo kažkam priešintis arba statyti visokiausių gynybos bastionų.

Įdėmiai ištyrę save įsitikinsime, jog kiekvienas galvoja tik apie savo gerovę ir visi mūsų santykiai su artimais pagrįsti tik asmenine nauda. Trokšdami nors šiek tiek pagerinti gyvenimą sutiktume, kad mums nereikalingi žmonės tiesiog išnyktų, dingtų. Nė vienas gamtos kūrinys, išskyrus mus, neturi tikslo pakenkti aplinkiniams, juos apiplėšti ir išnaudoti. Nė viena būtybė negali pasitenkinti engdama aplinkinius ir mėgautis jų kančiomis. Tik *homo sapiens* moka mėgautis kito kančia. Žinomas posakis skelbia, jog daug saugiau praeiti pro sotų liūtą nei pro sotų žmogų... Per visas kartas vystėsi mūsų egoistinis siekis pasitenkinti artimo sąskaita. Toks egoizmo reiškimasis prieštarauja gamtos jėgai, kurios pagrindinė tendencija – siekti, kad kiekvienas individas turėtų optimalias gyvenimo sąlygas. Taigi žmogaus egoizmas – vienintelė pasaulyje griaunanti jėga. Tik ji ardo globalios gamtos sistemos pusiausvyrą.

„Visi mes esame lygūs tuo, kad kiekvienas visomis įmanomomis priemonėmis norime išnaudoti kitus savo asmeninei naudai, nekreipdami dėmesio, jog statome statinį ant svetimų griuvėsių. Ir visiškai nesvarbu, kokį pasiteisinimą kiekvienas sau sugalvojame." Taip rašė Baal Sulamas. Ir toliau: „Žmogus jaučia, kad visi pasaulio kūriniai turi būti jo valdžioje ir jam tarnauti. Toks yra nekintantis dėsnis. Skiriasi tiktai pasirinkimo specifika. Vienas žmonių eksploatavimą renkasi dėl žemų troškimų, kitas – dėl valdžios, trečias – dėl šlovės. Maža to, jeigu nereikėtų didelių pastangų, kiekvienas sutiktų eksploatuoti pasaulį, kad gautų iš jo visus šiuos malonumus kartu: ir turtą, ir valdžią, ir garbę. Tačiau žmogus turi rinktis pagal savo galimybes ir gebėjimus."

Tai citatos iš straipsnio „Taika pasaulyje". Ir štai kas įdomiausia: kad pasirinktume taikaus gyvenimo kelią, iš pradžių turime įsisąmoninti savo egoistinę prigimtį. Baal Sulamas aiškina, jog iš tikrųjų tas faktas, kad mūsų egoizmas nuolat auga, neatsitiktinis ir nesmerktinas. Jo augimas skirtas parodyti, kuo būtent mes nukrypstame nuo visuotinio tikrovės dėsnio, altruizmo dėsnio. Tas nukrypimas yra visų gyvenimo problemų pagrindas ir didėjantis egoizmas verčia mus šį pragaištingą trūkumą ištaisyti. Palaipsniui mes įsisąmoniname, jog mūsų egoizmas, norintis vien mėgautis artimų sąskaita, prieštarauja bendrai gamtos jėgai, kuri persmelkta altruizmo, meilės ir davimo. Šį mūsų ir gamtos jėgos antagonizmą toliau vadinsime „disbalansu su gamta" ar tiesiog – „disbalansu". O altruizmo savybės įgijimą vadinsime „pusiausvyra su gamta".

Kuo mes mėgaujamės?

Kaip jau buvo sakyta, mūsų norai skirstomi į du tipus: fiziniai ir žmogiškieji arba gyvybiniai ir socialiniai. Panagrinėkime socialinius (žmogiškuosius) norus, kad suprastume, koks mūsų santykių su artimais sistemos faktorius sukelia disbalansą.

Socialiniai (žmogiškieji) norai dalijami į tris pagrindines kategorijas:
- turtų noras;
- garbės ir valdžios noras;
- žinių noras.

Šios kategorijos atspindi visus nefizinius norus, kurie mumyse gali pabusti.

Socialiniais (žmogiškaisiais) šie norai vadinami dėl dviejų priežasčių:
- žmogus juos perima iš visuomenės, gyvendamas vienas jis tokių malonumų nesiektų;
- šie norai gali būti realizuojami tik visuomenėje.

Tikslumo dėlei pasakysime, jog gyvybiniai poreikiai vadinami fiziniais norais, o viskas, kas aukščiau jų, priklauso socialiniams (žmogiškiesiems) norams. Jeigu prabunda koks nors noras, viršijantis mūsų būtinus poreikius, galime analizuoti jo realizavimo būdą. Iš tikrųjų būtent todėl šie mūsų norai ir didėja.

Kiekvienam iš mūsų būdingas savas socialinių (žmogiškųjų) norų derinys. Beje, šis derinys per gyvenimą keičiasi. Vienas žmogus gali labiau norėti pinigų (turtų), kitas – garbės, trečias – žinių.

„Pinigai" simbolizuoja siekimą kažką užvaldyti, paversti asmenine nuosavybe. Žmogaus idealas – turėti visą pasaulį, kuris priklausytų jam vienam.

„Garbė" – jau aukštesnis noras. Žmogus nebenori visko turėti savo rankose kaip mažas vaikas.

Priešingai, jis supranta, kad jį supa didžiulis pasaulis, ir jau geriau visą gyvenimą dirbs, kad tik iškovotų aplinkinių pagarbą bei šlovę. Jis netgi pasirengęs mokėti už tai, kad jį gerbtų. Skirtingai nei primityvus troškimas pinigų, kurie leidžia „pampti" nuo nesuskaičiuojamų pirkinių, garbės troškimas verčia egoizmą ne sunaikinti artimą, o siekti autoriteto, pagarbos ženklų, privilegijuotos padėties. Taigi „garbė" išreiškia žmogaus norą įgyti visą pasaulį, bet ne kaip savo nuosavybę, o taip, kad tas pasaulis suptų ir garbintų jį.

„Žinios" simbolizuoja dar didesnę valdžią. Omenyje turimas noras įgyti išminties, pažinti visas tikrovės puses ir smulkmenas, ištirti pasaulio mechanizmą ir suprasti, kaip geriau pasinaudoti gamta bei žmonėmis. Žinios reiškia visko valdymą protu.

Bet kurį gyvybinius poreikius viršijantį norą mes perimame iš visuomenės. O šių norų sėkmingo ar nesėkmingo pildymosi laipsnis vertinamas pagal visuomenės nuomonę. Mūsų minėto profesoriaus Danieliaus Kanemano tyrimas parodė, kad žmonės, prašomi nustatyti patiriamos laimės laipsnį, dažniausiai jį vertina remdamiesi visuomenės kriterijais. Taip pat paaiškėjo, kad mūsų laimės laipsnis priklauso ne tiek nuo pasiektų laimėjimų, kiek nuo jų palyginimo su aplinkinių sėkme. Taigi kylanti materialinė gerovė nepadaro mūsų laimingesnių – juk pagerėjus finansinei padėčiai lyginame save su dar turtingesniais aplinkiniais.

Iš tikrųjų tik pagal kitus žmones galime nustatyti savo laimės ar kančios laipsnį. Jų mažesnis – mūsų didesnis, jų didesnis – mūsų mažesnis. Kito sėkmė pažadina mūsų pavydą, o kartais automatiškai užsiplieskia natūrali, nekontroliuojama reakcija ir tada viduje linkime jam patirti nesėkmę. Kai kas nors suklysta, mes džiaugiamės, nes, palyginti su tuo, mūsų būsena tuoj pat pagerėja. Jeigu kenčia daugelis, mūsų padėtis atrodo stabilesnė, ir tai ryškiai iliustruoja mūsų vertinimų „reliatyvumą" bei socialinę pakraipą.

Vadinasi, žmogiškieji malonumai, netelpantys į fizinių (gyvybinių) poreikių tenkinimo rėmus, priklauso nuo mūsų požiūrio į artimą, kitaip tariant, nuo to, kaip mes suvokiame savo santykius su aplinkiniais. Mums malonumą teikia ne paprasčiausiai tai, ką naujo įsigyjame, o tai, kad įgyjame viešpatavimą, visuomenės pagarbą (dėl jos pakylame savo akyse) ir pasiekiame valdžią.

Toks egoistinis požiūris į artimą sukelia disbalansą, žmogaus ir bendro gamtos dėsnio, altruizmo dėsnio, neatitikimą. Egoistinis siekis iškilti virš kitų, jų sąskaita patirti malonumą ir nuo jų atsiskirti prieštarauja gamtos siekiui altruizmu sutelkti visas dalis į visumą. Egoizmas ir yra visų mūsų kančių šaltinis.

Nors mes ir nežinome tų ar kitų gamtos dėsnių, jie, būdami absoliutūs, mus veikia. Jeigu kas nors pažeidė vieną iš jų, pats nukrypimas yra veiksnys, įpareigojantis žmogų vėl laikytis dėsnio. Jau žinome daug gamtos dėsnių, veikiančių negyvuoju, augaliniu ir gyvūniniu lygmenimis, taip pat ir mūsų kūne. Tačiau klaidingai manome, kad žmogiškojo lygmens tarpusavio santykių sferoje absoliučių dėsnių nėra. Šio suklydimo priežastis ta, kad esamoje raidos pakopoje neįmanoma suprasti jos dėsningumų. Idant suprastume, turime pakilti pakopa aukščiau. Todėl nepajėgiame aiškiai susieti egoistinio elgesio su artimu ir neigiamų mūsų gyvenimo reiškinių.

Teisingas egoizmo naudojimas

Egoizmas tapo disbalanso veiksniu, bet tai nereiškia, kad jį reikia panaikinti, – reikia koreguoti jo naudojimo būdą. Per visą istoriją žmonija, vienais ar kitais būdais anuliuodama egoizmą ar dirbtinai jį mažindama, bandė pasiekti pusiausvyrą, meilę, socialinį teisingumą. Revoliucijos ir visuomeninės permainos vykdavo viena paskui kitą, bet galiausiai patirdavo nesėkmę. Priežastis ta, kad pusiausvyrą galima išlaikyti tik teisingai derinant visos galios gavimą su visos galios atidavimu.

Ankstesniame skyriuje išsiaiškinome, kad bendras dėsnis, veikiantis kiekviename gyvame kūne, – egoistinių dalių susijungimas altruistiniu principu. Šios dvi esminės priešingos jėgos (egoizmas ir altruizmas, gavimas ir davimas) egzistuoja kiekviename reiškinyje, kiekviename procese ir kiekviename kūrinyje. Visose

sferose (materialioje, emocinėje ar bet kokioje kitoje) visuomet yra ne viena, o dvi jėgos. Viena kitą papildydamos ir išlygindamos jos gali pasireikšti skirtingai: elektronas ir protonas, neigiamas ir teigiamas krūvis, atstūmimas ir pritraukimas, minusas ir pliusas, neapykanta ir meilė. Kiekvienas gamtos elementas sąveikauja su sistema, kurios dalis jis yra, ir šiuose tarpusavio santykiuose harmoningai dera gavimas bei davimas
Gamta siekia mus atvesti į tobulumą ir beribį mėgavimąsi. Mūsų egoizmas sukurtas būtent tam, kad galėtume mėgautis. Todėl nėra būtinybės jį anuliuoti. Mes turime tik ištaisyti noro, glūdinčio mumyse, naudojimo būdą iš egoistinio į altruistinį. Teisingas vystymasis leidžia panaudoti visą mūsų noro mėgautis galią, bet ištaisyta forma. Maža to, kadangi egoizmas yra mūsų prigimtis, neturime jokios galimybės jam priešintis ar ilgesnį laiką jį riboti – juk tai prieštarauja pačiai gamtai. Pabandę pamatysime, kad tai ne mūsų jėgoms.

Šiandieninė situacija lyg ir neatskleidžia gamtos siekio mus patenkinti. Priežastis paprasta: mūsų egoizmas, skirtingai nei kiti gamtos lygmenys, dar nebaigė vystytis, dar „nesubrendo". Baal Sulamas straipsnyje „Religijos esmė ir tikslas" aiškina taip:

„Visose gamtos sistemose ryškiai matyti: bet kuris kūrinys, priklausantis keturiems lygmenims (negyvajam, augaliniam, gyvūniniam ir kalbančiajam) atskirai ir visi bendrai yra tikslingai valdomi. Kalbama apie lėtą, laipsnišką auginimą priežasties ir pasekmės seka. Taip pat ir vaisius ant medžio yra valdomas, kad galiausiai subręstų ir taptų gardus. Paklauskite botanikų, kiek būsenų nuo užsimezgimo pereina vaisius, kol pasiekia tikslą, t. y. kol galutinai subręsta. Visos jo būsenos nuo pradinės iki galutinės ne tik nedemonstruoja, koks jis bus skanus, bet, atvirkščiai, tarsi norėdamos paerzinti atrodo priešingai. Kitaip tariant, kuo vaisius saldesnis pabaigoje, tuo jis kartesnis ir nepatrauklesnis ankstesnėse raidos stadijose."

Iš tiesų, kol kūrinys nepasieks galutinio taško ir formos, visiškai nesubręs, jame nebus įmanoma įžvelgti gamtos jėgos tobulumo. Kalbant apie mus, žmones, dabartinė būsena neatrodo gera, nes nepasiekė galutinio tobulumo. Tačiau, kaip ir bręstančio vaisiaus, nė viena savybė neskirta naikinti, juk kitaip jos iš pat pradžių neturėtume.

Egoizmo jėga nuostabi. Ji vystė mus iki šiol ir padės mums pasiekti tobulumo. Būtent egoizmas mus verčia judėti pirmyn ir leidžia neribotai tobulėti. Be jo mes nebūtume tapę žmonių visuomene ir kokybiškai nesiskirtume nuo kitų gyvūnų. Šiandien dėl savo egoizmo nesitenkiname žinomais laikinais malonumais ir reikalaujame neribotų malonumų.

Visa išmintis – rasti būdą protingai panaudoti egoizmo jėgą ir taikyti ją altruistiniam vienijimuisi su artimu. Žmogus neturi slopinti natūralių egoistinių jėgų ir siekių, su kuriais gimė, reikia pripažinti jų svarbą ir paaiškinti, kaip teisingai ir efektyviai juos panaudoti tobulėjimui. Evoliucionuodamas žmogus turi teisingai ir harmoningai suderinti visus jam būdingus parametrus ir tendencijas, kad jie pasitarnautų jo tobulėjimui. Pavyzdžiui, pavydą, aistrą, garbės troškimą ir panašias savybes įprasta laikyti neigiamomis, nors jos gali padėti žmogui pakilti į naują pasaulio sistemos pakopą. Tačiau tai įvyksta tik tada, kai savo natūralius siekius nukreipiame į pozityvius ir efektyvius pertvarkymus, idant jie padėtų judėti pusiausvyros su altruistine gamtos jėga link.

Krizė – galimybė atkurti pusiausvyrą

Kinų kalboje žodį „krizė" sudaro du simboliai: vienas reiškia pavojų, o kitas – galimybę.

Džonas F. Kenedis

Gamta siekia pusiausvyros ir daro viską, kad subalansuotų savo dalis. Pavyzdžiui, panagrinėkime, kas vyksta išsiveržus ugnikalniui. Vidinis spaudimas Žemės plutos gilumoje didėja tol, kol išorinis Žemės apvalkalas nebegali jo atlaikyti. Negyvajame lygmenyje atsiradusį disbalansą įveikia lavos išsiveržimas, ir spaudimas išsilygina. Taip veikia gamta atkurdama pusiausvyrą.

Pagal fizikos ir chemijos dėsnius vienintelė bet kokio materijos ar objekto judėjimo priežastis yra pusiausvyros siekimas. Šis siekis išlygina spaudimą, koncentraciją, temperatūrą bei kitus parametrus, o to rezultatas – vandens telkiniai žemumose, šilumos ir šalčio išsisklaidymas bei kiti reiškiniai. Moksline kalba pusiausvyros būsena vadinama „homeostaze" (gr. *homoios* – panašus, *stasis* – būsena). To siekia visi tikrovėje egzistuojantys kūnai.

Tačiau žmogiškajame lygmenyje pusiausvyros pasiekimas susijęs su sąmoningu dalyvavimu procese. Taigi tampa aišku: kol neįsisąmoniname fakto, jog egoistinis požiūris į artimą mums patiems ir visam pasauliui daro žalą, iš mūsų nieko negalima reikalauti. Užuot reikalavusi, gamta mums padeda, signalizuodama apie susidariusį disbalansą, ir kartu veda prie egoistinės raidos globalios krizės.

Šios krizės tikslas – skatinti mus įsisąmoninti, kad einame neteisingu keliu ir kad atėjo laikas pasirinkti naują kursą. Krizė – ne bausmė, jos paskirtis – skatinti mus tobulėti. Pasaulyje apskritai nėra bausmių, juk mes nekalti, kad gimėme egoistai. Viskas mūsų pasaulyje yra tik priemonės, skatinančios žmonijos vystymąsi.

Reikia atminti, kad žmogaus esmė – noras patirti malonumus. Žmogus gali vystytis ir veikti tik jausdamas poreikį, ko nors stokodamas. Mes veikiame tik dėl neužpildyto noro ir judame tik prie galimybės jį užpildyti. Kai ko nors trūksta, kai esame nepatenkinti, kenčiame ir imame ieškoti problemos sprendimo. Tokia mūsų vystymosi ir tobulėjimo schema. Vokiečių filosofas Artūras

Šopenhaueris rašė: „Iš pirmo žvilgsnio žmonės veržiasi pirmyn, bet iš tikrųjų jie stumiami iš nugaros."

Krizė – žmogaus prigimties „ydų", kurios iš pradžių tikslingai paslėptos, atskleidimas, kad turėtume galimybę patys jas „ištaisyti" ir taip pakilti į naują pakopą. Kadaise, prieš šimtus tūkstančių metų, žmonija negalėjo suprasti savo kančių priežasties. Tačiau šiandien mes pakankamai subrendę ir pajėgūs suvokti priežastį bei įžvelgti, jog kančios mus verčia siekti altruizmo, meilės ir davimo, būdingų pačiai gamtai. Šiuolaikinio žmogaus gamta jau gali „paklausti": „Ar teisingai priimi tai, kas tau perduota?" Šiandien kartu su eiline nelaime gamta žmogui duoda ir galimybę įsisąmoninti jos priežastį.

Iki šiol gamta su žmogumi elgėsi ganėtinai paprastai, žadindama vienokius ar kitokius jo norus, kurie skatino vystytis. Žmogus tobulėjo įvairiose srityse: kultūros, švietimo, mokslo, technikos. Tačiau staiga mes atsidūrėme aklavietėje ir priversti sustoti, kad save ištirtume. Iš tiesų nuo tos akimirkos mes įgijome gebėjimą tyrinėti savo norus – maža to, dabar mes privalome tai daryti. Neįmanoma ir toliau vystyti sąmonę tik ieškant, kaip geriau realizuoti mūsų norus. Laikas pamąstyti apie pačius norus, panagrinėti juos iš šalies: „Aš žmogus. Turiu norus. Ką darau su jais ir kodėl?" Kiekvienas turime pažvelgti į save iš šalies ir priimti tam tikrą sprendimą.

Iš tikrųjų gamtos jėga nekinta, ji visada altruistinė. Gamta nuolat mus spaudžia, kad pasiektume pusiausvyrą su ja. Vienintelis veiksnys, kuris kinta, didėja pagal jame įdiegtą programą, – mumyse glūdintis egoizmas. Būtent stiprėjantis prieštaravimas tarp egoizmo ir gamtos jėgos nuolat didina disbalansą, kurį jaučiame kaip spaudimą, diskomfortą, kančias ir krizes. Šių negatyvių reiškinių mastas priklauso nuo atsiradusio disbalanso dydžio. Taigi aišku, kodėl anksčiau kančią ar nerimą jautėme silpniau ir kodėl šis pojūtis kasdien didėja.

Vadinasi, mes patys nulemiame kančią ar laimę, kurią patirsime, atsižvelgiant į disbalanso su gamta dydį. Kitaip tariant, faktas, jog esame integralios sistemos neintegruotos dalys, ir yra kančių priežastis, visų komplikacijų bei krizių šaknis.

Susieję visus individualaus bei globalaus lygmens krizių reiškinius su sistemos disbalanso veiksniu – žmogaus egoizmu, galėsime priartėti prie problemos sprendimo. Kai nelaimes lydi supratimas, kas jas sukelia, kai atsekamas jų tikslas, jos tampa efektyvios, virsta judėjimo į priekį energija. Tuomet krizė nebe krizė, o progresyvesnis žmonijos vystymosi etapas, iš pradžių pasireiškiantis dabartinio etapo neigimu. Jeigu pakeisime savo požiūrį ir įsisąmoninimą, kitaip pažvelgsime į tai, kas su mumis vyksta, pamatysime, jog situacija, šiandien atrodanti kaip krizė, iš tikrųjų yra neįkainojama galimybė tobulėti.

V

Paklusimas gamtos dėsniams

> Neįmanoma teisingai lenktyniauti, neteisingai nustačius tikslą.
>
> Frensis Bekonas, „Naujasis organonas"

Gyvenimo tikslas

Bendra jėga, veikianti gamtoje ir palaikanti jos egzistavimą, yra altruistinė. Ji įpareigoja visas gamtos dalis, kaip vieno kūno organus, funkcionuoti išlaikant pusiausvyrą ir harmoniją. Šios sąlygos realizavimas leidžia pasiekti susijungimą, vadinamą „gyvenimu". Visuose lygmenyse, išskyrus žmogiškąjį, toks susijungimas egzistuoja, vadinasi, žmogaus tikslas yra jį sukurti. Būtent į šitai mus kreipia gamta. Teisingai susivienyti padeda altruistinis požiūris į artimą, pasireiškiantis rūpinimusi kitų gerove ir teikiantis žmogui tobulą malonumą. Šis malonumas jaučiamas todėl, kad vienydamasis su artimu žmogus pradeda išlaikyti pusiausvyrą su bendru gamtos dėsniu ir visiškai susivienija su gamta.

Esame vienintelės būtybės, kurių veiksmų nelemia tarpusavio susijungimas, todėl nejaučiame „gyvenimo". Tiesa, įprastiniu mūsų supratimu, mes „gyvename", tačiau mūsų dar laukia atradimas, jog terminas „gyvenimas" reiškia visiškai kitokią būties formą.

Kelias, vedantis mus tikslo įgyvendinimo link, apima ilgą egoistinio vystymosi laikotarpį, kuris tęsiasi tūkstantmečius. Galiausiai įgyjame pakankamai patirties bei proto, kad liautumės viltis, jog savimeilės pastangos suteiks laimės, ir suprastume, jog egoizmo augimas yra visų mūsų problemų pagrindas. Kitas etapas – įsisąmoninti faktą, jog visi esame vienos bendros sistemos dalys ir todėl privalome susijungti su kitais žmonėmis pagal altruizmo dėsnį kaip vieno kūno organai.

Iš pradžių tai atliksime tik todėl, kad atsikratytume susikaupusių problemų, – ir netrukus pajusime sumažėjusią įtampą visose sferose, gyvenimas taps prasmingas ir turiningas. Tačiau pradėję procesą pamatysime, kad gamta mums paskyrė misiją, didesnę nei komfortiškas fizinis egzistavimas. Juk jei uždavinys apsiribotų tik tuo, altruistinė pusiausvyros programa veiktų mumyse, kaip ir visuose kituose kūriniuose.

Iš tikrųjų egoistinė prigimtis mums suteikta vien todėl, kad patys suvoktume dabartinio egoizmo pragaištingumą. Jis mums kenkia, nes yra priešingas didingai gamtos esmei. Savarankiškai ieškodamas pusiausvyros žmogus palaipsniui suvokia altruistinės (meilės ir davimo artimui) savybės vertę ir pranašumą.

Kiekvienas gamtos elementas veikia sistemos, kuriai priklauso, labui. Kalbama apie materijos lygmens būseną, kuri subalansuojama instinktyviai, bet žmogus skiriasi nuo kitų gamtos lygmenų tuo, kad yra mąstanti būtybė. Jam būdinga minties jėga – stipriausias tikrovės faktorius. Minties jėga pranoksta tokias negyvojo lygmens kategorijas, kaip traukos, elektrostatinė ar spinduliavimo jėgos. Mintis stipresnė už jėgą, kuri skatina augalinį lygmenį augti ir vystytis; stipresnė už jėgą, kuri verčia gyvūnus judėti prie to, kas jiems būtina, ir trauktis nuo to, kas kenkia. Mintis pakyla net virš žmogaus egoistinio noro jėgos.

Negyvojo, augalinio ir gyvūninio lygmens elementų geras santykis su sistema pasireiškia materialia forma, bet žmogui pagrindinis taisytinas lygmuo – mintys ir požiūris į artimą. Maždaug prieš du tūkstančius metų knygoje „Zohar" parašyta: „Viskas aiškėja mintyje" (skyrius „Pkudei", 673 skirsnis).

Iš esmės mūsų vidinis priešinimasis susijungti su kitais žmonėmis yra egoizmo raiška. Ir atvirkščiai, altruizmas yra žmogaus vidinis postūmis išeiti iš savo vidaus į išorę, iš savo širdies ir troškimo į kitų žmonių, kaip savo dalies, pajautimą. Vadinasi, kad sukurtume mūsų ir gamtos altruizmo dėsnio pusiausvyrą, turime panorėti ne valdyti ir savo malonumui išnaudoti artimą, o altruistiškai elgtis su artimu ir susijungti kaip vienos sistemos dalys.

Mūsų malonumų šaltinis – egoistinis požiūris į artimą, kurį reikia pakeisti į altruistinį. Šis procesas, vadinamas „egoizmo taisymu" arba tiesiog „taisymu", grindžiamas iš esmės naujo troškimo (noro įgyti altruizmo savybę) formavimu.

Taisymui būtina panaudoti minties jėgą. Straipsnyje „Mintis – noro vaisius" Baal Sulamas aiškina: būtent mūsų noras patirti malonumus lemia tai, apie ką galvojame. Mes paprastai nesusimąstome apie blogus dalykus, kurie yra priešingi mūsų norui, pavyzdžiui, apie savo mirties dieną. Atvirkščiai, mums įdomu tik tai, ko norime.

Žinoma, noras pagimdo mintį – kitaip tariant, noras sukelia mintis apie potencialius būdus jį patenkinti. Bet mintis turi ypatingą savybę – ji gali veikti atgal ir didinti norą. Jeigu mus kas nors traukia tik truputį, pradėję apie tą objektą galvoti norą padidiname. Kuo daugiau galvojame, tuo labiau noras stiprėja.

Taip dėl nuolat augančios įtampos susidaro uždaras ratas: padidėjęs noras stiprina mintį, o mintis toliau didina norą. Šis mechanizmas formuoja didelį norą, siekiantį to, kas protu laikoma svarbu, nors kol kas neįsitvirtino širdyje ir dar neužėmė tinkamos vietos tarp daugybės troškimų. Tuo pačiu principu galima sustiprinti ir altruistinės metamorfozės norą, padarius jį centriniu mūsų gyvenimo troškimu.

Aišku, kyla klausimas: kaip galime sustiprinti mintis apie altruistinį susijungimą su artimu, jeigu tai toli gražu ne pats stipriausias mūsų polėkis? Turime ir kitų norų – patrauklesnių, realesnių,

„sodresnių". Jiems ir skiriame savo mintis. Kaip šią grandinę *mintis–noras–mintis* pajungti veiksmui? Čia žmogui padeda aplinkos poveikis. Jeigu išmoksime kurti tinkamą aplinką, ji mums taps naujų norų ir minčių, kurie stiprins mūsų siekį įgyti gamtos altruizmo savybę, šaltiniu. Aplinka turi lemiamą reikšmę žmogaus evoliucijai, todėl kitus du skyrius skirsime jai.

Ką mums daryti?

Mums būtina pradėti galvoti apie tai, kad laikas atgauti pusiausvyrą su gamtos jėga, kad nuo šito priklauso mūsų gera ateitis. Turime sutelkti mintis į vieną bendrą sistemą, vienijančią visus žmones, ir suformuoti tam tikrą požiūrį į artimą.

Altruistiškai žiūrėti į artimą reiškia ketinimus, sumanymus ir rūpestį skirti jo gerovei. Galvodamas apie artimą, žmogus linki visiems kitiems žmonėms gauti visko, kas jiems būtina. Tačiau be rūpinimosi artimo gyvybiniais poreikiais, turime sukoncentruoti savo minties jėgą į jo sąmoningumo lygio kėlimą. Tegul kiekvienas pajaučia, kad yra visumos dalis, ir pradeda atitinkamai elgtis.

Šis darbas pirmiausia yra vidinis, minčių darbas. Labai svarbu gyventi šia idėja, stengtis, kad ji nepasimestų kitų idėjų sraute. Būtina tokioms mintims teikti svarbą, juk nuo jų priklauso mūsų laimė ir gerovė, jos padės išsivaduoti iš visų problemų. Nors iš pradžių toks nusiteikimas atrodo gana absurdiškas, jis ir tik jis sąlygoja mūsų gerą ateitį. Be vidinio altruistinio požiūrio į kitus, mes taip pat galime atlikti realius altruistinius veiksmus: dalintis žiniomis apie gyvenimo tikslą ir jo įgyvendinimo kelią. Jeigu tą įsisąmoninimą perduodame kitiems žmonėms ir jie, mąstydami ir ieškodami sprendimo, ima jausti, jog ši problema yra bendra, tada sukeliame teigiamus postūmius bendroje sistemoje, kurios dalis esame. Kartu kils ir mūsų pačių įsisąmoninimas ir tuojau pat pajusime teigiamus savo gyvenimo pokyčius.

Žmogus, kuris taiso savo požiūrį į artimą, keičia visą žmoniją. Individo santykio su žmonija sistemą galima apibūdinti taip: esi vienoje sistemoje su visais, tačiau kiti visiškai priklauso nuo to, kaip juos valdai. Visas pasaulis tavo rankose. Tokia yra kiekvieno žmogaus tikrovė.

Kad galėtume tai suprasti, įsivaizduokime kubą, kurį sudaro septyni milijardai sluoksnių –

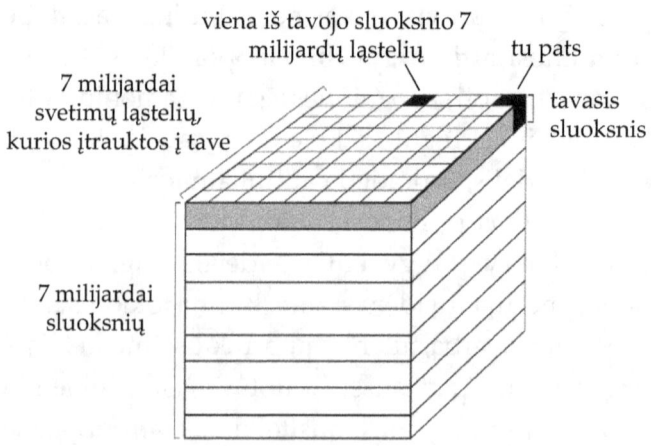

tiek, kiek gyventojų Žemėje. Kiekvienas sluoksnis atitinka vieną žmogų ir yra jo valdomas. Kiekvienas sluoksnis turi septynis milijardus ląstelių. Viena iš jų – tu pats, o likusios simbolizuoja kitus žmones, kurie įtraukti į tave. Taip gamta sutvarkė vieną bendrą sistemą. Esmė ta, kad kiekvienas įtraukia visus, todėl visi esame tarpusavyje susiję.

Ištaisęs santykį nors su viena savo sluoksnio ląstele, pažadini tą savo dalį, kuri į ją įtraukta. Tuomet tas žmogus pajunta teigiamą postūmį, artėja akimirka, kai ir jis panorės išsitaisyti savo požiūrį į artimą. Tačiau pokytis paliečia ne tik jį, bet ir visą jo sluoksnį, visas likusias ląsteles, į kurias jis įtrauktas. O juk kiekviena jų valdo savo kubo sluoksnį, taigi prabudimas bręsta ir plinta visur. Taip vienas žmogus, taisantis savo požiūrį į kitą žmogų, pradeda visų žmonių sąmonėje „nesąmoningų" teigiamų pokyčių procesą. Tokia skirtingų kubo sluoksnių tarpusavio sąveika padeda visai žmonijai taisytis ir tobulėti.

Reikia turėti galvoje, jog dabar žmonija yra priešinga gamtos altruizmui, todėl net nedidelis mūsų postūmis visus tam tikru laipsniu artina prie pusiausvyros su gamta. Kartu mažėja disbalansas, o su juo ir neigiami mūsų gyvenimo reiškiniai. Nors kiti žmonės, dar neištaisę savo požiūrio į artimą, kol kas nepajus pokyčių, mes, kurie tai atliksime, pajusime juos iš karto. Nesiliaudami puoselėti minčių ir veiksmų, kurie ugdo įsisąmoninimą, jog priklausome vienai sistemai, palaipsniui išvysime aplink save gerą, draugišką ir mielą pasaulį.

Vienas didžių išminčių, Baal Sulamo amžininkas kabalistas Kukas (1865-1935) tokiais žodžiais apibūdino žmogaus minties jėgą ir jos lemiamą įtaką tikrovei: „Reikia nemažai stengtis, kad kitaip, nei įprasta, pajustume minties jėgos didingumą ir tikrumą, kad pažintume idėjos galią, minties gyvybingumą bei gajumą ir kad tai įsisąmoninę suprastume, jog kuo kilnesnė, tobulesnė, tyresnė mintis, tuo labiau pakyla, tobulėja ir skaidrėja žmogus bei pasaulis. Visų realybės, esančios žemiau minties jėgos, pusių pakilimai ir nuopuoliai priklauso nuo žmogaus minties jėgos pakilimų ir nuopuolių."

Kai pakyla žmogaus mintis, leisdama išsitaisyti požiūrį į artimą, jį užvaldo nauji siekiai:

• „pinigai" – žmogus trokšta pasinerti į artimo norus ir rūpintis jų tenkinimu kaip motina, kuri rūpinasi savo mažais vaikais ir mėgaujasi, tenkindama jų reikmes;

• „garbė" – žmogus gerbia kitą žmogų tokį, koks jis yra, ir žiūri į jį kaip į partnerį;

• „žinios" – žmogus nori mokytis iš kiekvieno, turėdamas tikslą suprasti, ko trūksta artimui, susijungti su juo ir taip pasiekti pusiausvyrą su gamta.

Ilgainiui žmogus supranta ir pajaučia aukštesnį altruistinį sumanymą, apimantį visą realybę, – gamtos sumanymą. Taip pakylame į aukštesnius gamtos lygmenis ir artėjame prie tobulybės.

Daug lengviau, nei atrodo

Tobulėjimo procesas, kurio metu keičiame malonumų šaltinį, egoizmą į altruizmą, iš pirmo žvilgsnio atrodo nelengvas. Tačiau tikrovė skiriasi nuo mūsų įsivaizdavimo. Baal Sulamas straipsnyje „Taika pasaulyje" rašo: „Nors iš pradžių ši programa atrodo nereali kaip kažkas, kas yra aukščiau žmogaus prigimties, įsigilinę pamatysime, jog nesutapimas tarp gavimo sau ir davimo artimui yra tik psichologinis."

Terminas „psichologinis nesutapimas" neteigia, kad šį prieštaravimą gali pašalinti psichologai, o nurodo, kad problema yra mūsų vidinis požiūris į mėgavimosi būdą: įpratome mėgautis egoistiniu prisipildymu ir mums sunku net suprasti, jog galima kitokia veiksmų schema.

Mums atrodo, kad lengviau gyventi su savo egoizmu jo netaisant, tingiai plaukti pasroviui gyvenimo vaga: „Kas bus, tas bus". Bet iš tikrųjų yra ne taip. Nesuvokiame, jog mūsų egoizmas, kurį įsivaizduojame esant mūsų ramsčiu ir vedliu į laimę, – tai visai ne mes patys. Iš tiesų egoizmas yra kaip koks pašalietis valdovas, glūdintis mumyse ir mus kankinantis. Jis despotas, bet mes įpratome laikyti jį „savu" ir manome, kad jis veikia mūsų labui.

Kai tik atpažinsime savo egoizmą kaip valdovą, kuris neklausia, ar mums reikalinga jo valdžia, kai tik išvysime, kad šis vaiduoklis tūno mumyse ir mus klaidina veikdamas, tarsi mes kažko norėtume, nors iš tiesų to nori jis, kai tik įsitikinsime, kiek jėgų ir pastangų eikvojame pildydami jo reikalavimus ir kokį menką atlygį tegauname už didžiulį nesibaigiantį darbą, – tada žiūrėsime į savo dabartinį neištaisytą egoizmą kaip į žiauriausią ir siaubingiausią tironą.

Baal Sulamas rašo, kad palyginę įdėtas pastangas ir gautą malonumą, žmonės atrastų, jog „skausmas ir kančios, kurias jie patiria palaikydami savo egzistenciją, daug kartų viršija tą mažą malonumą, kurį jaučia gyvenime" („Įvadas į Mokymą apie dešimt *sfirot*", 3 skirsnis). Tačiau tiesa nuo mūsų paslėpta. Mūsų egoizmas maskuojasi ir įsivelka į mus taip, lyg būtume su juo neišskiriami. Kaskart iš naujo jis verčia mus siekti egoistinių malonumų, nors iš tikrųjų mūsų esmė – tiesiog noras mėgautis, o ne egoistinis noras mėgautis, kaip mums atrodo. Kitaip tariant, mūsų „Aš" nėra egoizmas ir reikia tai skirti.

Žmogus, atribojęs vieną nuo kito, norėdamas įgyti altruistinę savybę, idant pasiektų pusiausvyrą su gamtos jėga, tuojau pat jaučia šios jėgos palaikymą. Svarbu tai, kad yra didžiulis skirtumas tarp pastangų, kurių reikalauja egoistiniai ir altruistiniai veiksmai. Žmogui įgijus universalią gamtos savybę, altruistiniai veiksmai neeikvoja jo energijos, priešingai, jie atliekami lengvai ir patogiai, jaučiant įkvėpimą, pakilimą bei pasitenkinimą.

Altruistiniai veiksmai ne tik neeikvoja energijos, bet patys ją teikia. Juk altruizmo jėga veikia kaip saulė, kuri, būdama neišsenkantis energijos šaltinis, spinduliuoja šviesą. Egoizmo jėga, priešingai, visada nori gauti, prisipildyti ir todėl yra lydima poreikio bei stokos. Tai galima palyginti su teigiamu ir neigiamu elemento poliais. Tapatindamas save su teigiama jėga žmogus prisipildo galių, įgyja neribotas galimybes ir tampa „stiprėjančiu šaltiniu", nuolat gaminančiu ir spinduliuojančiu energiją.

Todėl Baal Sulamas ir sakė, jog mums kyla vien psichologinė problema: kaip išsivaduoti iš egoistinių apskaičiavimų, kurie tik iš pirmo žvilgsnio žada gėrį, ir pereiti prie altruistinių. Tuomet bus užtikrintas greitas ir beribis mūsų noro mėgautis patenkinimas, nes altruistinis susijungimas su artimu yra tikra ir tobula palaima.

Ilgas kelias ir trumpas kelias

Įgyti altruistinę savybę yra gyvenimo tikslas, į kurį, naudodamas mūsų egoizmą, stumia gamtos evoliucijos dėsnis. Gamtos užduotis – leisti mums suprasti, ką turime ištaisyti, kad ištobulintume save supratimu ir įsisąmoninimu, savarankiškai įsitraukdami į procesą, kuris pakeis mūsų požiūrį į artimą. Todėl kiekvienas galime rinktis vieną iš dviejų kelių:
- greitinti evoliucijos procesą, pažįstant savo egoistinę prigimtį kaip kenksmingą faktorių, priešingą pačios gamtos altruizmui, ir studijuojant jo taisymo metodiką;

- laukti, kol nelaimės, stresai ir kančios, kylančios dėl disbalanso, privers ieškoti šios metodikos.

Vengdami kančių, be abejo, imsime egoizmą taisyti, tačiau mums suteikta galimybė iš anksto pasirinkti savo vystymosi kelią, kad jį suprastume ir kontroliuotume. Taip greitai ir patogiai pasieksime pusiausvyrą su bendru gamtos dėsniu, altruizmo, meilės ir davimo dėsniu. Galimi vien šie du vystymosi keliai, kurie vadinami: „taisymosi keliu" ir „kančių keliu".

Nėra jokių abejonių, kad gamta „ims viršų". Galiausiai mes paklusime jos dėsniams. Tik klausimas, kokį kelią pasirinksime. Jeigu patys, nelaukdami, kol privers kančios, pradėsime siekti pusiausvyros, – bus geriau. Kitaip norom nenorom stums kančios, stimuliuodamos savo motyvacija. Įdomu, kad lotynų kalbos žodis „stimulas" reiškia lazdą smailu galu, skirtą gyvuliams varyti.

Susidaro įspūdis, kad siekdami pusiausvyros su gamta (geriausios tikrovės būsenos), iš pradžių turime patirti priešingą – blogiausią būseną. Juk mūsų suvokimas pagrįstas dviejų priešingybių principu: šviesa ir tamsa, balta ir juoda, saldu ir kartu ir t. t. Tačiau yra dvi galimybės patirti klaikią būseną: iškęsti iš tikrųjų arba įsivaizduoti.

Šiam tikslui turime jausmą ir protą. Esame pajėgūs mintyse įsivaizduoti mūsų ir gamtos absoliutaus disbalanso baisią prasmę nepatirdami šio košmaro savo kailiu. Išmintingas tas, kuris mato visą reiškinį jo užuomazgoje. Jeigu mes gana aiškiai įsivaizduosime blogiausią būseną dar iki jai ištinkant, šis vaizdas pasitarnaus kaip stimulas, iš anksto nukreipiantis nuo potencialaus blogio į gerąją ateitį. Taip galėsime išvengti didžiulių kančių ir pagreitinsime savo vystymosi tempą. Visuotinis visų krizių priežasčių ir būdų, kaip iš jų išeiti į naują gyvenimą, žinojimas turi padėti žmonijai sparčiau tobulėti.

Požiūrio į artimą pasikeitimas lemia visos gamtos pusiausvyrą

Nesunku suprasti, kad požiūrio į artimą pasikeitimas išspręs problemą mūsų socialiniu žmogiškuoju lygmeniu. Kitaip tariant, nebebus karų, teroro bei prievartos, pagerės nuotaika ir t. t. Tačiau dabartinė krizė plinta ir kituose gamtos lygmenyse: negyvajame, augaliniame ir gyvūniniame. Kas bus su jais? Iš pirmo žvilgsnio atrodo, kad norėdami pagerinti situaciją turime rūpintis žeme, vandeniu, oru, augalais bei gyvūnais ir tiesiogiai juos gelbėti. Todėl stebina faktas, kad vystymosi metodika sutelkia dėmesį į žmonių santykius laikydama, jog jie sąlygoja visos gamtos būseną. Ar gali būti, kad žmonių egoistinių santykių ištaisymas paveiks kitų lygmenų būseną, pavyzdžiui, išgelbės mus nuo ekologinių katastrofų grėsmės ir gyvybiškai svarbių gamtos išteklių nualinimo?

Turime žinoti, kad mus veikia viena altruistinė gamtos jėga. Ji nedaloma, tik mes ją skaidome į įvairius lygmenis: negyvąjį, augalinį, gyvūninį ir kalbantįjį. Kalbama apie keturis mus veikiančius lygmenis. Negyvajame lygmenyje ši jėga mus veikia, pavyzdžiui, per dirvą; augaliniame – per Žemės augaliją; gyvūniniame – per gyvūnijos atstovus ir per mūsų kūną; kalbančiajame lygmenyje – per supančią visuomenę. Apskritai tai viena jėga – tiesiog mūsų jutimo organai, kaip paaiškinsime vėliau, skaido jos suvokimą į įvairias dalis ir lygmenis.

Aukščiausia pusiausvyros su šia altruistine jėga pakopa reiškia susiliejimą mintimis, noru, ketinimu – kalbančiojo lygmens harmoniją. Jeigu mylime kitus, jeigu žmonija susieta broliškais saitais, žmonės susijungę tarpusavyje kaip vieno kūno dalys, įsivyrauja aukščiausio lygmens pusiausvyra, apimanti ir visus žemesnius tikrovės lygmenis. Dėl to liaujasi neigiami disbalanso pasireiškimai, kančios ir netektys negyvajame, augaliniame bei gyvūniniame lygmenyse, taip pat žmonių visuomenėje.

Kita vertus, jeigu žmogus stengiasi išlaikyti pusiausvyrą su gamtos jėga žemesniais nei kalbančiuoju lygmenimis, jeigu ištaiso savo santykį su negyvosios gamtos, augalijos ir gyvūnijos pasauliu, jis vis tiek jaus disbalansą kitose pakopose. Tarkim, jeigu žmogus su meile rūpinasi negyvuoju lygmeniu saugodamas, kad nesuirtų dirva, ozono sluoksnis ir kt., jis kuria pusiausvyrą negyvuoju lygmeniu, tačiau augalinis, gyvūninis ir kalbantysis lygmenys vis dar lieka nesubalansuoti. O teigiami gamtos jėgos pokyčiai turėtų nežymų „vietinės reikšmės" pobūdį. Jeigu žmogus reikštų meilę augalinio lygmens gamtai, aišku, pusiausvyros lygis su ja truputį pakiltų, pagerindamas esamą situaciją. Taip pat ir pusiausvyra gyvūniniu lygmeniu šiek tiek pagerintų mūsų gyvenimą. Tačiau visi šie pasikeitimai yra menki, palyginti su tuo, ką duoda pusiausvyra kalbančiojo lygmens pakopoje. Juk būtent jai mes, žmonės, priklausome. Turime išlaikyti savąją pusiausvyrą aukščiausiuoju kalbančiuoju lygmeniu. Net jeigu su tuo nesutiksime ir visomis jėgomis stengsimės subalansuoti savo santykį su negyvuoju, augaliniu ir gyvūniniu lygmeniu, iš esmės situacijos pagerinti nepavyks, nes tokios pastangos neatitiks gamtos sumanymų mūsų atžvilgiu. Būtume panašūs į žmogų, kuris žiūri į gyvenimą kaip mažas vaikas, ignoruodamas daugybę savo talentų ir gabumų. Savaime aišku, kad toks elgesys nepakeis paprasto fakto: gamta elgiasi su žmogumi pagal tą vystymosi potencialą, kurį pati jam įdiegė, net jeigu žmogus šio potencialo nerealizuoja.

Gamtos jėga siekia globalios pusiausvyros, kuri įsigalės tik tada, kai žmogaus požiūris į artimą taps altruistinis. Todėl pusiausvyros dėsnis, valdantis visus tikrovės procesus, verčia mus subalansuoti būtent kalbančiojo lygmens pakopą, neleisdamas komfortiškai ir saugiai gyventi išlaikant pusiausvyrą žemesniais lygmenimis. Vadinasi, kol žmonės altruistiškai nesusivienys, bendrą gamtos jėgos veikimą ir toliau jausime kaip negatyvų. Mūsų suvokimas, kaip ir anksčiau, skaidys jį į įvairius realybės lygius su jiems būdingais sunkumais bei problemomis. Ir todėl, kai bandome išspręsti kokią nors konkrečią problemą, pavyzdžiui, ekologinę, mus iš visų pusių dar greičiau užplūsta kitos problemos.

Negalime sau leisti apsiriboti priemonėmis žemesniais lygmenimis, vengdami tikrosios problemos – egoistinių žmonių tarpusavio santykių ištaisymo būtinybės. Juk nuo to priklauso visos gamtos būsena. Jeigu norime iš tikrųjų kokybiškai pagerinti padėtį, būtent taip reikia veikti.

Iš tiesų mes esame vienintelės gamtos būtybės, turinčios pasirinkimo laisvės galimybę, kuria įmanoma pasinaudoti tik taisant žmonių tarpusavio santykius. Nuo mūsų pasirinkimo realizavimo priklauso bendra visų gamtos lygmenų pusiausvyra. Viskas, kas vyksta pasaulyje, priklauso vien nuo žmogaus – taip rašoma knygoje „Zohar" (skyrius „Vaikra", 113 skirsnis). Viskas egzistuoja ir vyksta tik dėl žmogaus, kad padėtų jam teisingai susijungti su artimu ir įgyti gamtos altruizmo savybę. Taip bus užtikrintas visų pasaulio problemų sprendimas ir gamta, atskleisdama harmoniją bei tobulumą, atrodys ištaisyta.

Kukas rašė: „Kūrimą ir pasaulį valdanti jėga atliko tobulą veiksmą... Ir nors tik maža dalis lieka neištaisyta... nuo jos užbaigimo priklauso visos kūrinijos tobulumas. Ši nedidelė dalis – žmogaus siela, jos norai ir dvasinės prielaidos. Ši dalis atiduota žmogui, kad šis ją išsitaisytų ir užbaigtų visą kūriniją" (rankraštis, pateiktas knygoje „Kukas: tarp racionalumo ir mistikos").

Paslėpti gamtos dėsniai, kuriuos paminėjome, buvo išaiškinti tyrinėjant bendrą pasaulio sistemą. Šie dėsniai nurodo visų būties problemų sprendimo kelią. Neįmanoma jų veikimo pademonstruoti ir akivaizdžiai įrodyti. Galime tik logiškai bei įtikinamai juos paaiškinti, ir ne daugiau. Galiausiai, po detalių ir argumentuotų aiškinimų, žmogus pats turi nuspręsti, priimti juos ar ne.

Tokios sąlygos susiklostė neatsitiktinai. Gamta nori išsaugoti mūsų savarankiškumą ir gebėjimą savo noru pasirinkti tobulėjimo kelią. Pastangos eiti šiuo keliu mums padės išsiaiškinti, kur būtent nukrypstame nuo gamtos dėsnių, kodėl jaučiame negatyvų jos poveikį. Jeigu situacija mums iškiltų aiškių, neginčijamų, vienareikšmių faktų pavidalu, neturėtume laisvos pasirinkimo galimybės, kuri yra vienintelė priemonė realizuoti nepakartojamą potencialą, būdingą kalbančiojo lygmens pakopai.

Tokiu atveju nusileistume į gyvūninę pakopą, kuri visiškai valdoma joje užprogramuotų komandų. Gamta mus įkurdino po paslėpties šydu, kad turėtume galimybę savarankiškai kompensuoti tai, ko trūksta, ir suformuoti savyje užbaigtą kalbantįjį lygmenį. Teisingai pritaikę savo gebėjimą laisvai rinktis, pasieksime sėkmę.

VI

Kelias į laisvę

Kiekvienas mūsų save suvokia kaip individą, ypatingą, savarankiškai veikiančią asmenybę. Neatsitiktinai žmonija šimtmečius kariavo siekdama tam tikro asmens laisvės lygio. Negana to, sąvoka „laisvė" liečia ir kitus kūrinius: matome, kaip nelaisvėje kenčia gyvūnai. Tai liudija, jog gamta nesutinka su jokios būtybės vergyste.

Vis dėlto mes labai miglotai įsivaizduojame laisvę. Kuo labiau įsigiliname į šią sąvoką, tuo mažiau ją suprantame. Reikalaudami asmens laisvės kiekvienam, turime padaryti prielaidą, kad žmogus žino, kas yra laisvė ir kas yra jos siekimas. Tačiau iš pradžių derėtų patikrinti: ar iš esmės individas gali veikti laisvu noru?

Gyvenimas – nesiliaujanti kova ieškant geresnio gyvenimo formulės. Bet ar kada nors savęs klausėme: kas iš tikrųjų yra mūsų valioje, o kas – ne? Galbūt daugeliu atveju „burtai jau mesti", o mes vis dar veikiame taip, tarsi įvykių eiga priklauso nuo mūsų?

„Laisvės" samprata panaši į gamtos dėsnį, veikiantį visą pasaulį. Štai kodėl kiekvienas jos siekia. Tačiau gamta nesuteikia mums informacijos, kokius veiksmus iš tikrųjų pasirenkame laisvai, o kokius atliekame turėdami tik laisvo pasirinkimo iliuziją. Gamta verčia pajusti visišką bejėgiškumą ir neapibrėžtumą. Mes nusiviliame savo gebėjimu ką nors keisti tiek savyje, tiek apskritai gyvenime. Taip gamta siūlo mums liautis skubėjus ir skirti laiko pagrindiniam klausimui: kam iš tikro galime daryti įtaką? Pažinę veiksnius, kurie formuoja ir mūsų vidų, ir išorę, galėsime suprasti, kur būtent gamta mums leidžia valdyti savo pačių likimus.

Malonumas ir kančia

Malonumas ir kančia – dvi jėgos, kuriomis valdomas mūsų gyvenimas. Savoji vidinė prigimtis (noras mėgautis) priverčia veikti pagal iš anksto užduotą elgesio šabloną: minimaliomis pastangomis gauti maksimalų malonumą. Visada ir visur žmogus būtinai renkasi malonumą ir vengia kančių. Čia mes niekuo nesiskiriame nuo gyvūnų.

Psichologijoje yra žinomas faktas, kad galima pakeisti bet kurio žmogaus prioritetų tvarką ir išmokyti jį kitaip apskaičiuoti savo veiksmų naudą. Jeigu įtikinamai aprašysime privalumus, kurie laukia ateityje, žmogus sutiks iškęsti dabartinius sunkumus dėl būsimo pelno. Pavyzdžiui, mes uoliai mokomės, kad įgytume profesiją, kuri užtikrins didelį atlyginimą arba gerbiamą padėtį. Viskas priklauso nuo apskaičiavimų, kokia galima nauda. Žmogus atima reikiamas pastangas iš laukiamo malonumo, ir jeigu likutis teigiamas, veiksmas bus įvykdytas. Tai tėra tik kainos, kurią teks sumokėti už būsimą pelną, apskaičiavimas. Tokie esame visi.

Šia prasme žmogus tik tiek ir skiriasi nuo gyvūno, kad geba pažvelgti į potencialų tikslą ir susitaikyti su tam tikra nepatogumų, sunkumų ar kančių porcija dėl būsimo atlygio. Ištyrę žmogų aptiksime, kad visi jo veiksmai kyla iš tokių apskaičiavimų. Jis tik nevalingai juos įgyvendina.

Egoistinis noras verčia mus vengti kančių ir visada rinktis malonumą, kurį matome prieš save. Negalime netgi pasirinkti malonumo pobūdžio. Sprendimo, kuo mėgausimės, net iš dalies nesąlygoja mūsų laisvas pasirinkimas ar laisvas noras – jam daro įtaką aplinkiniai. Kiekvienas žmogus gyvena visuomenėje, kuri turi savo kultūrą ir savo įstatymus. Negana to, kad šie faktoriai nustato individo elgesį, jie formuoja ir mūsų požiūrį į visas gyvenimo sritis.

Iš tikrųjų mes nesirenkame nieko: nei kaip gyventi, nei kuo domėtis, nei kaip leisti laisvalaikį, nei maisto, kurį valgysime, nei mados, pagal kurią rengsimės. Visa tai „tvirtina vykdymui" mus supančios visuomenės valia ir skonis, beje, ne pačios geriausios jos dalies, o daugumos. Iš esmės mus kausto padorumo taisyklės ir visuomenės normų rėmai, kurie tapo mūsų elgesio įstatymais.

Visuomenės pagarba yra visų mūsų veiksmų

motyvas. Netgi kai norime kuo nors išsiskirti, ką nors neregėto nuveikti, įsigyti kažką, ko niekas neturi, arba apskritai pasitraukti iš visuomenės ir pasislėpti – vis tiek darome tai todėl, kad užsitarnautume visuomenės pagarbą. „Ką apie mane kalbės? Ką apie mane galvos?" – tokios mintys mums svarbiausios, tačiau paprastai mes linkę jas neigti ir slėpti, nes toks prisipažinimas įskaudintų mūsų „Aš".

Kur glūdi pasirinkimo laisvė?

Iš to, kas pasakyta, kyla klausimas: kur glūdi pasirinkimo laisvė, jeigu ji apskritai yra? Kad atsakytume į jį, pirmiausia turime išsiaiškinti, kokia mūsų esmė, ir suprasti, iš kokių elementų esame sudaryti. Straipsnyje „Laisvė", parašytame 1933 metais, Baal Sulamas teigia, kad kiekvienas objektas ir kiekvienas žmogus turi keturis determinuojančius faktorius. Jiems paaiškinti straipsnyje pateiktas kviečio grudo pavyzdys. Jo augimo procesas patogus stebėti ir padeda suprasti bendrus principus.

Vidinė esmė – pirminė medžiaga. Pirminė medžiaga yra kiekvieno objekto vidinė esmė. Keisdama savo formas ji nuolat išlieka tokia pati. Pavyzdžiui, grūdas žemėje suyra ir jo išorinė forma išnyksta, tačiau iš jo vidinės esmės atsiranda naujas daigas. Pirminis faktorius (mūsų esmė, pagrindas, genetinis kodas) iš pat pradžių yra mumyse ir mes nepajėgūs daryti jam įtakos.

Savybės, kurių neįmanoma pakeisti. Esmės dėsniai niekada nekinta ir iš jų kyla tos objekto savybės, kurių neįmanoma pakeisti. Pavyzdžiui, iš kviečio grūdo niekada neišaugs kiti javai, išskyrus kviečius. Jis pagimdo tik tą pačią, anksčiau prarastą formą. Gamta nuo pat pradžių nustato tokius dėsnius ir jų nulemtas savybes. Kiekvienas grūdas, kiekvienas gyvūnas ir kiekvienas žmogus savyje turi dėsnius, valdančius jo esmę. Toks yra antras mus sudarantis elementas, kurio taip pat negalime įtakoti.

Savybės, kintančios dėl aplinkos poveikio. Grūdo rūšis nesikeičia, bet jo išorinė forma varijuoja priklausomai nuo supančios aplinkos. Veikiamas išorinių faktorių, esmės apvalkalas transformuojasi pagal nustatytus dėsnius ir keičiasi kokybiškai. Dėl supančios aplinkos įtakos prie esmės prisijungia papildomi faktoriai, kurie suteikia jai naują kokybę. Grūdui šie faktoriai gali būti saulė, dirva, trąšos, drėgmė, krituliai ir t.t. Jie sąlygoja augimo sudėtingumą, taip pat daigų kiekybę ir kokybę. Žmogų supanti aplinka yra tėvai, auklėtojai, draugai, kolegos darbe, knygos, kurias jis skaito, medžiaga, kurią gauna iš žiniasklaidos ir t.t. Taigi trečiasis faktorius yra dėsniai, pagal kuriuos aplinka veikia žmogų, transformuodama tas jo savybes, kurias galima pakeisti.

Supančios aplinkos kaita. Aplinką, kuri daro įtaką kviečio augimui, pačią veikia išoriniai faktoriai. Šie faktoriai gali kardinaliai pasikeisti:

pavyzdžiui, sausra arba potvyniai gali sunaikinti visus kviečių daigus. Ketvirtasis faktorius yra pačios žmogų supančios aplinkos permainos, dėl kurių keičiasi jos veikimo forma toms savybėms, kurias įmanoma pakeisti.

Šie keturi faktoriai nulemia bendrą bet kurio objekto būseną. Jie lemia mūsų charakterį, galvoseną, išvadas, kurias darome, netgi mūsų norus ir veiksmus. Straipsnyje „Laisvė" Baal Sulamas detaliai nagrinėja kiekvieną faktorių ir prieina tokias išvadas:

• žmogus negali pakeisti savo šaknies, savo genetinio kodo, t. y. savo esmės;
• žmogus negali pakeisti dėsnių, kurie valdo pačią jo esmę;
• žmogus negali pakeisti dėsnių, pagal kuriuos išoriniai faktoriai veikia jo vystymąsi;
• aplinką, kurioje yra ir nuo kurios visiškai priklausomas, žmogus gali pakeisti į kitą, labiau palankią savo gyvenimo tikslui realizuoti.

Kitaip tariant, negalime savęs veikti tiesiogiai, nes ne mes lemiame savo esmę ir dėsnius, kurie tą esmę valdo. Taip pat negalime pakeisti dėsnių, pagal kuriuos mus veikia aplinka. Tačiau gerindami mus supančią aplinką, visgi galime daryti įtaką savo gyvenimui ir likimui. Vienintelis laisvas pasirinkimas – teisingas supančios aplinkos pasirinkimas. Jeigu paskatinsime išorinių sąlygų pasikeitimą ir patobulinsime savo aplinką, pakoreguosime aplinkos įtaką mūsų savybėms, kurias galima keisti. Taip jau dabar nulemsime savo ateitį.

Kitaip nei kiti gamtos lygmenys žmogus turi galimybę sąmoningai rinktis aplinką taip, kad ji teisingai formuotų jo norus, mintis ir veiksmus. Todėl vystymosi pagrindas yra individo santykis su jį supančia aplinka. Jeigu aplinka formuos sąlygas, tinkamas mūsų vystymuisi, ji mums padės pasiekti nuostabių rezultatų.

VII

Laisvo pasirinkimo realizavimas

Apibendrinę visa, kas pasakyta apie keturis žmogų formuojančius faktorius, išsiaiškinsime šaltinius, kurie mus valdo. Iš viso yra du šaltiniai: įgimtos ir iš aplinkos įgytos savybės.

Įdomu, kad ir tradicinis mokslas priėjo prie panašių išvadų. Praeito amžiaus devintajame dešimtmetyje pradėjo formuotis nauja sritis – elgesio genetika. Ši mokslo šaka ieško ryšių tarp genų ir žmonių asmeninių kognityvių elgsenos savybių: nuo pykčio, avantiūrizmo, drovumo arba prievartos iki lytinio potraukio. Vienas iš pagrindinių šios srities tyrėjų pasaulyje psichologijos profesorius Ričardas Ebšteinas (Richard Ebstein) tvirtina, kad genai nulemia apie 50 proc. charakterio savybių, kitą pusę nulemia aplinka.

Kadangi negalime keisti vidinių duomenų, turime atkreipti dėmesį į išorinius parametrus, t. y. į savo aplinką. Vienintelį dalyką, kurį galime padaryti siekdami realizuoti savo tikslą, – pasirinkti aplinką, skatinančią eiti pirmyn. Baal Sulamas straipsnyje „Laisvė" aiškina taip: „Tas, kuris gyvenime stengiasi ir kaskart renkasi geresnę aplinką, nusipelno pagyrimo ir atlygio. Bet ne už geras mintis ir veiksmus, kurie atsirado verčiami būtinybės, jam nesirenkant, o už pastangas įgyti gerą aplinką, kuri privedė prie šių minčių ir veiksmų."

Žmogus, kuris stengiasi rinktis ir kurti būtiną teisingam vystymuisi aplinką, turi galimybę realizuoti savąjį potencialą. Kad suprastume ir įgyvendintume šį principą, būtinas aukštas sąmoningumo lygis, kurį šiandien, regis, daugelis jau pasiekė.

Jeigu egoistinį santykį su artimu norime pakeisti į altruistinį, turime išvystyti tokį norą rūpintis artimu ir su juo vienytis, kuris nustelbtų visus kitus egoistinius potraukius. Tai bus įmanoma tik tada, kai mūsų prioritetų skalėje altruizmas užims aukščiausią vietą.

Mes sukurti kaip visuomeninės ir egoistinės būtybės. Žmogui nėra nieko svarbiau už aplinkinių nuomonę apie jį. Iš esmės užsitarnauti visuomenės pagarbą ir pripažinimą – mūsų gyvenimo tikslas. Mes nevalingai paklūstame absoliučiai visuomenės nuomonės valdžiai ir pasirengę iš paskutiniųjų stengtis dėl pagarbos, pripažinimo, garbės bei šlovės. Štai kodėl visuomenė gali skiepyti savo nariams įvairias, netgi pačias abstrakčiausias vertybes ir elgesio formas.

Visuomenė taip pat formuoja mūsų savigarbos kriterijus, todėl mes, net ir likę vieni, elgiamės pagal visuomenės nustatytas normas. Kitaip tariant, netgi jei niekas nesužinos apie kokį nors mūsų poelgį, mes vis tiek jį atliksime dėl savigarbos.

Kad pradėtume formuoti naują norą, kurio siekis – rūpintis artimu ir suvienyti visus žmones kaip vienos sistemos dalis, turime būti visuomenėje, kuri tokius siekius remia. Jeigu didžiausia aplinkinių vertybė bus altruizmas, kiekvienas mūsų natūraliai jaus pareigą laikytis altruizmo dėsnių ir prie jų prisitaikyti.

Ideali aplinka turėtų nuteikti žmogų taip: „Kad galėtume pasiekti pusiausvyrą su gamta, tavo santykis su artimu, su bendra sistema, kurios dalis esi, privalo būti geras." Kai altruizmo siekis išryškės visuomenėje, jis apims ir mus. Jeigu visur susidursime su altruizmo svarbos priminimais, su pagarba jam, mūsų santykis su artimu pasikeis. Mes vis daugiau apie tai galvosime ir palaipsniui didės noras tapti sveikomis vieno kūno dalimis.

Negalime tiesiogiai pakeisti savęs, tačiau galime pagerinti savo aplinką. Tai padaryti, be abejonės, esame pajėgūs. Kai pasikeis aplinkos poveikis mums, pasikeisime ir mes. Juk aplinka – svertas, keliantis mus į aukštesnę pakopą. Todėl kiekvieno pirmas žingsnis galėtų būti pagalvoti ir išsiaiškinti, kokia aplinka jam labiausiai tinka, kad padėtų judėti gyvenimo tikslo link.

Kaip jau buvo sakyta, minties jėga – galingiausia gamtos jėga. Jeigu imsime siekti geresnės aplinkos, po kurio laiko vidinė jėga atves mus prie tinkamų žmonių, organizacijų, instruktoriaus, knygų – kitaip tariant, į tokią aplinką, kurioje galėsime tobulėti. Vis labiau susitelkdami ties geresnės aplinkos pasirinkimo idėja, jos įgyvendinimu, atversime naujesnes galimybes ją realizuoti. Kai mus supančią visuomenę sudarys žmonės, siekiantys pusiausvyros su gamta, galėsime sukurti tokius santykius, kad tie žmonės rodytų mums pavyzdį, teikdami paramą ir stiprybę žengiant pirmyn. Jie supras, jog norime juos mylėti, ir sudarys galimybę to išmokti. Kiekvienas mokys kitus, ką reiškia būti panašiems į gamtos jėgą. Kiekvienas pajaus, kaip gera mylėti. Tas, kuris panašus į altruistinę gamtos jėgą, nejaučia priešiškų jėgų spaudimo, todėl tokioje aplinkoje būsime saugūs, tikri, laimingi ir laisvi nuo rūpesčių. Būtent į tokį gyvenimą mus veda gamta.

Gamtos mėgdžiojimas

Rūpinimasis artimu, pastangos susijungti su juo kaip vieno kūno dalims, taip pat veiksmai, leidžiantys visuomenei geriau įsisąmoninti, kaip tai svarbu, padės pamatus, ant kurių žmonija sukurs gyvenimą, visiškai atitinkantį gamtos meilės ir davimo savybę. Žinoma, kol kas kalbama ne apie vidinį mūsų egoizmo pasikeitimą, o apie pirmąjį proceso etapą, kurio metu imituojame gamtą, panašiai kaip vaikas mėgdžioja savo tėvą. Vaikas taip pat nelabai supranta, kuo jo tėvas užsiima, ir vis dėlto jį mėgdžioja, norėdamas tapti toks kaip jis. Matydamas tėvą stuksint plaktuku, mažylis šį veiksmą kartoja plastikiniu plaktuku. Taip berniukas vystosi ne tik kartodamas tėvo judesius, bet ir palaipsniui įgydamas jo protą. Šitaip ir mes turime mėginti imituoti gamtos meilės bei davimo savybę. Šis mėgdžiojimas tarsi pakilimas į aukštesniąją pakopą, kurią turėsime pasiekti ne tik išoriniais veiksmais, bet ir vidine savo esme.

Rūpinimasis artimu galimas dėl dviejų pagrindinių motyvų:
- noro pelnyti visuomenės pagarbą;
- tikrojo vidinio suvokimo, jog meilės ir davimo artimui savybė pranašesnė už savęs tenkinimo savybę.

Mėgdžioti gamtą panašiai kaip vaikas mėgdžioja tėvą nesuprasdamas, ką šis daro, – reiškia rūpintis artimo nauda dėl pirmojo motyvo. Tokia imitacija yra vystymosi ir augimo mechanizmo pagrindas, be kurio vystymasis neįmanomas.

Iš pradžių rūpinsimės artimu todėl, kad galėtume mėgautis visuomenės pagarba, tačiau palaipsniui pastebėsime, jog altruistinis santykis su artimu pats savaime yra itin kilni savybė, net ir be pelnyto visuomenės pripažinimo. Aptiksime, jog altruistinis požiūris į artimą – tobulo, beribio malonumo šaltinis, ir realiai imsime jausti pačios gamtos tobulą ir beribę jėgą.

Kitaip tariant, besistengdami mėgdžioti gamtos jėgą pajusime, kad gamtos savybė yra tobulumas. Šis jausmas keis mus iš vidaus: po truputį mums atsivers meilės ir davimo savybės didybė bei taurumas, lyginant ją su savęs tenkinimo savybe. Tada iš tiesų užsinorėsime supanašėti su gamta ir pasieksime aukštesnę pakopą nei ta, kurioje buvome sukurti. Pasiekę šią pakopą, įsiliesime į harmoniją bei tobulumą – būtent ten ir veda gamtos vystymosi dėsnis.

Nauja tendencija

Vos pradėjęs atgauti pusiausvyrą su gamtos jėga, žmogus sumažina spaudimą, kuris vertė jį keistis. Dėl to neigiami reiškiniai jo gyvenime nyksta. Iš tikrųjų gamtos jėga nesikeičia. Keičiasi pats žmogus, bet šių permainų rezultatai sukuria tokį pojūtį, tarsi gamta veikia jį kitaip. Žmogus taip sutvarkytas, kad jaučia, jog keičiasi išorinis pasaulis, o ne jis pats. Taip jo smegenys reaguoja į jutimo organų teikiamą informaciją apie tikrovę, ir šiai temai mes skirsime atskirą skyrių, kuris vadinsis „Tobulumo ir amžinybės tikrovė". Iš tikrųjų gamtos jėga pastovi, nekintanti. Jeigu žmogus sutampa su ja šimtu procentų, jis jaučia tobulumą; jeigu visiškai priešingas jai, šimtu procentų jaučia šios jėgos priešiškumą. Tarp šių dviejų priešingybių žmogus pereina tarpinius etapus.

Šiuo metu mes dar nesame visiškos altruistinės gamtos jėgos priešingybės, nes mūsų egoizmas dar nepasiekė maksimalaus išsivystymo lygio. Tai reiškia, kad negatyvūs mūsų gyvenimo reiškiniai dar nepasiekė savo ribos. Beje, būtent todėl kai kurie žmonės dar nejaučia globalios krizės, apėmusios individus ir visuomenę. Tie žmonės nemano, kad esama padėtis grėsminga. Ką gi, vienaip ar kitaip kiekvieną dieną mumyse atsiskleis vis didesnis egoizmas, gilindamas žmonijos ir gamtos priešpriešą. Kad netektų patirti su tuo susijusių kančių, turime iš anksto pasirinkti kelią, vedantį prie altruizmo savybės įgijimo. Tik toks pasirinkimas pakeis mūsų vystymosi kryptį.

Tai padarę tuojau pat pajusime teigiamą reakciją visose egzistavimo sferose. Pailiustruokime pavyzdžiu: įsivaizduokime blogai besielgiantį vaiką. Tėvas kalbasi su juo, įvairiais būdais įtikinėja pasikeisti. Pagaliau jie sutaria, kad nuo šiol vaikas elgsis gerai. Jeigu kitą dieną vaikas elgiasi nors šiek tiek geriau, tuoj pat pajunta tėvo palankumą. Taigi viskas vertinama, matuojama ir sprendžiama tik pagal tendenciją.

Kai vis daugiau žmonių pradės rūpintis tarpusavio santykių taisymu, laikydami tai svarbiausiu faktoriumi, nuo kurio priklauso mūsų gyvenimas, jų bendras rūpestis taps viešąja nuomone, o ši savo ruožtu darys įtaką visai žmonijai. Kiekvieną žmogų su visu pasauliu sieja vidiniai saitai, todėl net atokiausiose vietose žmogus tuoj pat pajus, jog yra susijęs su kitais žmonėmis ir priklauso nuo jų, o jie – nuo jo. Tada kiekvienas suvoks šią gyvybinę tarpusavio priklausomybę.

Pokyčiai, kurie vyksta viename objekte, pereina ir į kitus objektus. Tą teigia įvairūs mokslai ir pirmiausia kvantinė fizika. Eksperimentai parodė, kad mikropasaulio dalelės „žino", kas vyksta kitose dalelėse, ir kad informacija apie jų pasikeitimus akimirksniu perduodama bet kokiais atstumais. Šiandien fizikai žino apie kvantinių dalelių nuolatinį tarpusavio ryšį, nors jas skiria erdvė ir laikas. Kiekvienas kvantas susijęs su kitu kvantu. Šis reiškinys būdingas tiek mikroskopinėms, tiek ir pačioms didžiausioms pasaulio struktūroms.

Šiandien mokslas atranda, kad viskas priklauso nuo genų ir nuo aplinkos poveikio žmogui. Tai mums padeda išsivaduoti iš ankstesnių iliuzijų, jog mes patys lemiame savo veiksmus, patys kontroliuojame situaciją, patys tikriname ir patys priimame sprendimus. Būtent šiandien atsiranda tikrosios laisvės galimybė. Mes pajėgūs išsilaisvinti iš egoizmo priespaudos ir įgyti altruistinę savybę, sukūrę tokią aplinką, kuri pagelbės imituoti gamtos veiksmus. Panašiai vaikas mokosi iš suaugusiojo pavyzdžio.

Žymūs tyrinėtojai visada suprato, jog tobulėdamas žmogus atskleidžia, kokia nuostabi išmintis slypi gamtoje. Visi mūsų atradimai – įsisąmoninimas, jog esame tik didingos išminties, kuri persmelkia visą realybę ir atsiveria mūsų akiratyje, kai „subręstame" ir galime ją suvokti, padarinys. Štai kokius liudijimus mums paliko didieji žmonijos protai:

„Pats sau teatrodau kaip mažas vaikas, kuris žaidžia ant jūros kranto ir džiaugiasi radęs dailesnį akmenuką ar margesnę nei kitos kriauklę, nors didingas tiesos vandenynas plyti priešais mane neištirtas."

Seras Izaokas Niutonas[15]

"Mano religija – nuolankus žavėjimasis beribe aukštesniąja dvasia, pasireiškiančia mažiausiose detalėse, kurias galime įžvelgti savo trapiu ir silpnu protu. Būtent šis gilus emocinis tikrumas, jog yra aukštesnioji protinga jėga, atsiskleidžianti nesuvokiamoje Visatoje, ir formuoja mano supratimą apie Dievą."

Albertas Einšteinas[16]

---

[15] *Memoirs of the Life, Writings and Discoveries of Sir Isaac Newton* (1855) by Sir David Brewster, Volume II, Ch. 27.
[16] "*New York Times*", 1955 m. balandžio 19 d.

VIII

Realizuoti gyvenimo tikslą pasirengta

Kartų raida

Šiuo metu žmonių visuomenė egoistinė, tačiau yra pakankamai prielaidų, leidžiančių jai pereiti prie altruistinių tarpusavio santykių. Iš esmės visas žmonijos nueitas vystymosi kelias buvo reikalingas tik tam, kad pasirengtume realizuoti gyvenimo tikslą, kurį turi įgyvendinti ši karta. Visą žmonių giminę nuo pradžios iki pabaigos galima įsivaizduoti kaip vieną kartą, kurios gyvenimas tęsis tol, kol ji visiškai išsivystys ir pereis į dvasinį egzistavimo lygmenį. Per kelis tūkstantmečius kartose kaupėsi mūsų vidiniai gebėjimai, vystymosi katalizatoriai. Šio proceso pabaigoje žmogiškasis lygmuo, t. y. žmonės, turi pakilti į naują pakopą, kurią, kad būtų paprasčiau, vadinsime „ištaisyta".

Idant suprastume kartų vystymosi esmę, prilyginkime mūsų vidinius veiksnius informacijos vienetams. Juos turi kiekvienas tikrovės objektas ir juose yra vidiniai duomenys apie medžiagą. Iš esmės gyvename erdvėje, kurioje yra nepaprastai daug informacijos apie visus elementus. Šis informacinis laukas, kuriame mes egzistuojame, vadinasi „gamtos sumanymu". Bet koks detalės pasikeitimas – ar tai būtų pastangos išsaugoti esamą būseną, ar perėjimas į kitą, taip pat jėgos, veikiančios sudedamąsias tikrovės dalis, vidinės bei išorinės transformacijos ir pan. – yra informacinio lauko pasikeitimas.

Kiekvienos kartos žmonės ieško subalansuoto egzistavimo ir gero gyvenimo algoritmo – tos formulės, kuria jų neapdovanojo gamta. Pats šių ieškojimų procesas naujais duomenimis papildo informacijos vienetus, darydamas juos vis visapusiškesnius.

Žinios ir suvokimas, kuriuos įgyja tam tikra karta, mėgindama „pradėti gerai gyventi", priprasti prie gyvenimo sąlygų ir aplinkos, tampa natūraliais kitos kartos polinkiais. Patirtis, sukaupta ankstesnės kartos, kitai kartai tampa pagrindiniu vidinės išminties šaltiniu, todėl kita karta labiau išsivysčiusi. Sūnūs visada naujoves įvaldo greičiau nei tėvai, kurie jas įvedė. Mūsų dienomis vaikai laisvai naudojasi mobiliaisiais telefonais, nuotolinio valdymo pultais, kompiuteriais ir per keletą metų pralenkia savo tėvus įvaldydami ir naudodami naujas technologijas.

Taip iš kartos į kartą žmonija įgyja išminties ir tobulėja. Šiandien ją galima prilyginti vienam sukaupusiam tūkstantmečių išmintį žmogui. Individo protas panašus į veidrodį, kuriame atsispindi kenksmingų ir naudingų veiksmų vaizdai. Žmogus pasirenka gerus, naudingus dalykus ir atmeta tuos, kurie jam kenkė. Jie palieka žymę jo smegenyse kaip veidrodyje, atspindinčiame savos patirties vaizdus, o vėliau žmogus išryškina teigiamus poelgius ir atstumia neigiamus, kol tampa subrendęs bei išmintingas. Lygiai taip pat ir visa žmonija turi kolektyvinį protą bei atmintį, kur įsimenami visi visuomenei naudingi ir kenksmingi kiekvieno nario poelgiai.

Informacijos vienetų išsivystymas nulėmė tokį mūsų sąmoningumo lygį, kai jau jaučiame savo priešingumą gamtos jėgai. Šiandien gebame suprasti to priežastis ir matyti tikslą, kurį turime įgyvendinti.

Daugelis mūsų neatsitiktinai įprastos rutinos fone patiria naują vidinę tuštumą. Ją pagimdė pabudęs noras pakilti į naują būties pakopą, pereiti į „ištaisytą" lygmenį. Toks yra kitas kartų vystymosi etapas – tarpsnis, kai galime sąmoningai judėti mūsų gyvenimo tikslo realizacijos link.

Visuomenės požiūris į altruizmą

Altruistinės visuomenės kūrimo procesas, be abejo, bus plačiai remiamas – juk kiekvienas mūsų laiko save geru žmogumi, mokančiu užjausti artimą ir siekiančiu būti naudingu aplinkiniams.

Tokie mes esame. Atrodytų, žmogui niekas netrukdo tiesiai pareikšti: „Esu egoistas ir nesirengiu nieko paisyti!" Tačiau niekas iš mūsų savimeile nesididžiuoja. Visuomenė natūraliai reiškia simpatijas ir gerbia tuos, kurie stengiasi dėl jos gerovės. Kiekvienas kolektyvo narys nori pelnyti visuomenės pripažinimą, užsitarnauti gerbiamą įvaizdį. Bet koks žmogus, bet kuri draugija, kiekvienas politikas ar vyriausybė stengiasi atrodyti altruistai. Maža to, niekas neskatina kito elgtis egoistiškai – juk tai neigiamai atsiliepia pačiam žmogui. Netgi asmenys, kuriems labiausiai būdinga savimeilė, rodosi esą altruistai, ne tik mėgindami užsitarnauti visuomenės pagarbą, bet ir todėl, kad jiems naudinga analogiška aplinkinių reakcija.

Tiesa, būna išimčių, kai žmonės skelbiasi esą egoistai, tačiau nesididžiuoja žala, kurią daro kitiems, o tik nori sukelti susidomėjimą savo nepaprastumu. „Pažiūrėkite į mane: aš ypatingas", – sako jie mėgindami patraukti į save visuomenės žvilgsnius ir bent šiokį tokį dėmesį.

Taigi nė vienas žmogus atvirai nesipriešins altruizmo plitimui pasaulyje. Tegul žmonės jį rems dėl vienokių ar kitokių priežasčių, tačiau niekas negalės pasisakyti prieš altruistinius santykius. Juk viduje mes jaučiame, jog egoizmas neša mirtį, o altruizmas yra teigiamas veiksnys, dovanojantis gyvenimą ir gerovę. Būtent todėl, būdami egoistai, savo vaikus mokome gerai elgtis su artimu.

Kaip auginti laimingus ir aprūpintus vaikus

Augančios kartos auklėjimas nuo seno buvo grindžiamas altruistinėmis vertybėmis. Kiekvienas mūsų siekia savo vaikams įskiepyti pačias geriausias savybes, su kuriomis jie pradės gyvenimą. Mes intuityviai juos mokome būti nesavanaudiškus.

Auklėdami savo atžalas, tėvai jas moko gerai elgtis su artimu, nes nesąmoningai jaučia, kad savanaudiškas aplinkinių išnaudojimas galiausiai atsisuks prieš pačius palikuonis. Mes norime, kad mūsų vaikai būtu tikri dėl ateities, ir jaučiame, jog padėti tegali altruistinis auklėjimas. Juk žmogaus saugumas priklauso nuo aplinkos, kur jis vertinamas atsižvelgiant į jo poelgius. Žmogui kenkiama tik per aplinką, o altruistinis elgesys didina tikimybę, jog visuomenė bus jam lojali ir draugiška.

Kiekvienoje šalyje bet kuri visuomenė visais laikais siekia įskiepyti altruizmo pagrindus augančiai kartai. Tik diktatorius, turintis neribotą valdžią ir kariuomenę, gali sau leisti mokyti paveldėtoją būti žiaurų, niekam nenusileisti ir engti kitus. Jo įpėdiniui prireiks labai stiprios ir didelės apsaugos, kad galėtų išgyventi. Jis turės kovoti su savo piliečiais naudodamas karinę jėgą. Netgi jeigu niekas nesiryš jam kenkti, be jėgos metodų jis negalės realizuoti savo pražūtingų ar militaristinių planų.

Kita vertus, geranoriškas požiūris į artimą žmogui suteikia stipriausią tikrumo, ramybės, susitaikymo jausmą, todėl žmonės stengiasi savo mažąsias atžalas auklėti būtent tokia dvasia. Tačiau šie laikui bėgant pastebi, jog patys tėvai nesilaiko altruistinių tarpusavio santykių. Tada ir vaikai tampa tokie patys egoistai, kaip ir tie, kurie bandė įteigti jiems nesavanaudiškumo principus. Teisingas auklėjimas grindžiamas pavyzdžiu. Tačiau ar mes savo vaikams rodome altruistinio požiūrio į artimą pavyzdį? Ne, nors būtent to juos mokome nuo pat kūdikystės. Vaikas, kuris mato, jog tėvų poelgiai neatitinka jų skelbiamų elgesio normų, supranta, kad žodžiai yra tušti ir apgaulingi. Kad ir kiek jam aiškintume, kaip dera elgtis su kitais, reikiamo poveikio nesulauksime.

Šių dienų krizė, gresianti pačiai egzistencijai, įpareigoja mus keistis. Iki šiol nesąmoningai diegėme vaikams altruistinį auklėjimą, paprastai neremdami jo asmeniniu pavyzdžiu. Tačiau nuo šiol neturime pasirinkimo – patys privalome keisti savo egoistinį požiūrį į artimą. Vis daugiau žmonių įsiliejant į šį ratą, pasikeis realybė, kurioje gims ir gyvens mūsų vaikai. Jie lengvai suvoks tai, kas buvo sudėtinga mums, būtent kad visi esame vienos bendros sistemos dalys ir todėl mūsų santykiai turi būti altruistiniai. Iš esmės nei savo vaikams, nei sau negalime padaryti nieko geresnio.

Egoistai ir altruistai

Dar vienas veiksnys, padedantis žmonijai taisytis, – tam tikrai žmonių daliai būdingas natūralus polinkis padėti aplinkiniams. Paprastai gebėjimas jausti artimą tiesiogiai ar netiesiogiai leidžia išgauti dar daugiau malonumo susisiejant su juo. Tačiau kai kurie žmonės artimą jaučia kitaip: jiems artimo skausmas yra kaip savo paties. Svetimos nelaimės jautimas juos kankina ir verčia ieškoti galimybės padėti kitam.

Didesnė žmonijos dalis – „įprastiniai" egoistai, nejautrūs artimo vargams. Tačiau kiekvienoje visuomenėje egzistuoja ir nedidelis kiekis „altruistiškų" egoistų, kurie stipriai jaučia svetimą skausmą. Sutrumpintai pirmąją kategoriją vadinsime „egoistais", antrąją – „altruistais", nors pastarųjų prigimtis irgi yra egoistinė.

Taigi egoistai dėl artimo kančių nejaučia sąžinės graužimo, todėl išnaudoja jį kaip išmano. Altruistai, priešingai, užjaučia žmones, todėl saugosi ištarti žodį, kuris galėtų įskaudinti ar įžeisti kitą žmogų. Ir vieni, ir kiti savo polinkius paveldėjo genetiškai, todėl nekalbame apie „blogiečius" arba „geriečius", o tik apie natūralias, įgimtas paskatas.

Tam tikrų genų sekos pakeitimai turi įtakos žmonių gebėjimui būti geriems su kitais. Tokie yra elgesio genetikos tyrinėjimų rezultatai. Mokslininkai mano, jog altruistiniai poelgiai atlyginami: žmogaus, kuris gerai elgiasi su artimais, smegenyse sintezuojasi cheminė medžiaga – dofaminas, sukeliantis malonų pojūtį.[17]

---

[17] R. Bachner-Melman, I. Gritsenko, L. Nemanov, A. H. Zohar, C. Dina, R. P. Ebstein, „Dopaminergic polymorphisms associated with self-report measures of human altruism: a fresh phenotype for the dopamine D4 receptor" in Molecular Psychiatry, 2005, Apr,10(4), p. 333-335.

Nuo seno žmonija vidutiniškai dalijasi į 90 proc. egoistų ir 10 proc. altruistų. Pastarieji prisiima rūpestį visuomenės gerove, siekia teikti pagalbą įvairiose būties srityse, remti beturčius, silpnus, vargstančius ir pan. Iš esmės altruistai gelbsti situacijose, kurioms negebanti užjausti visuomenė neskiria dėmesio.

Altruistinės organizacijos investuoja didžiules lėšas į tokią veiklą bei deda dideles pastangas. Tačiau dažniausiai esminių teigiamų poslinkių nesulaukiama. Pavyzdys – Afrikos kontinentas. Anksčiau, kai Vakarai dar nesikišo į afrikiečių gyvenimą, šie apsirūpindavo patys, o šiandien miršta iš bado, nors jiems padedama maistu. Milžiniškos sumos, surenkamos jų reikmėms, situacijos negerina, ir Afrikos gyventojai nesiliauja kovoti dėl egzistavimo kasmet blogėjančiomis sąlygomis.

Kokių tik priemonių nesiimdavo altruistinės organizacijos, mėgindamos pagerinti pasaulio padėtį, tačiau nepaisant visų pastangų, situacija tik blogėja. Galima ir toliau taip elgtis, bet išmintingiau būtų stabtelėti minutėlę ir savęs paklausti: „Kodėl mums nesiseka? Kur klystame?"

Kaip jau aiškinome, apskritai visos pasaulio problemos – ir asmeninės, ir visuomeninės – yra disbalanso su gamta padariniai. Todėl materiali pagalba gali tik trumpam pagerinti neįgalių gyventojų sluoksnių padėtį, tačiau ji neduoda tikrosios naudos ateičiai, nes neatkuria žmogaus pusiausvyros, nesprendžia problemos iš esmės.

Žinoma, kai žmogus badauja, jį reikia pamaitinti. Kartu, padėję jam atsikelti ir patenkinę gyvybinius poreikius, turime pasirūpinti, kad pakiltų jo gyvenimo tikslo įsisąmoninimo lygis. Jeigu norime paskatinti teigiamas pasaulio ir savąsias permainas, turime dar kartą patikrinti ir patikslinti, ar veiksmas altruistinis. Bet kurie poelgiai turi būti vertinami pagal jų bendrą indėlį į realų, esminį pasaulio situacijos gerinimą, žmonijos kančių panaikinimą. Veiksmas, apeinantis problemų šaltinį, mūsų nebetenkins, jis tik atidėlios ligos, kuri vėliau įgis dar sunkesnę formą, priepuolį. Jeigu ligonis apsiribos nuskausminančiomis priemonėmis negydydamas ligos šaltinio, liga ūmės, kol galiausiai nugalės.

Veiksmą galima vadinti altruistiniu tik tuo atveju, jeigu jo paskirtis vesti žmogų į pusiausvyrą su bendru gamtos dėsniu, į meilę, atsidavimą žmonėms. Altruistinis veiksmas turi didinti žmogaus įsisąmoninimą, jog esame vienos sistemos, vieno organizmo, kuriam priklauso visi žmonės, kad ir kokios tautybės ar rasės jie būtų, dalys.

Tik veiksmas, kuris padeda žmogui tai suprasti ir atitinkamai žiūrėti į artimą, bus iš tiesų altruistinis. Kalbama ne apie instinktyvias reakcijas padėti kenčiantiems, o apie poelgius, daromus suprantant neatidėliotiną reikalingumą visai žmonijai kartu su vargstančiais ir jų globėjais pasiekti pusiausvyrą su gamta.

Todėl altruistų gerąją valią ir energiją labiausiai reikia nukreipti į žmonijos sąmoningumo kėlimą aiškinantis visų problemų priežastis ir jų sprendimo kelius. Gamta ištiesė mums pagalbos ranką – dešimt procentų altruistų, kurie jaučia natūralų nesavanaudiškų veiksmų poreikį. Jeigu teisingai pasinaudosime šia pagalba, jų nuostabus potencialas bus realizuotas.

Dalijimasis į egoistinę ir altruistinę dalį santykiu 90:10 būdingas ne tik žmonijai, bet ir kiekvienam žmogui atskirai. Vienas pagrindinių tikrovės dėsnių skelbia: „Visuma ir dalis yra lygios." Kitaip tariant, viską, ką turi visuomenė, turi ir kiekvienas individas. Amerikiečių mokslininkas Maiklas Talbotas (Michael Talbot) knygoje „Holografinė Visata", kurioje surinkti šios srities moksliniai atradimai[18], nurodo, jog Visata yra holograma. Visuma ir dalis viena kitai identiškos kaip du vandens lašai tiek pasaulio išoriniuose atributuose planetos būsenos mastu, tiek ir vidiniuose. Net atome aptinkame ištisą sistemą, panašią į Saulės sistemą.

Pagal šį dėsnį kiekvienas žmogus, nesvarbu, egoistas ar altruistas, turi 10 proc. altruistinių jėgų ir 90 proc. egoistinių – panašiai kaip visa žmonija. Žmonės skiriasi tik vidiniais šių jėgų deriniais. Altruistų davimo jėga (tegul ir egoistinė) aktyvi, o egoistų

---

[18] Holografija (gr. *holos* – visas, *graphe* – rašyti, braižyti, piešti) – daikto erdvinio atvaizdo atkūrimo metodas, pagrįstas bangų interferencija. Viena iš nuostabių hologramos savybių – bet kuris jos gabalėlis turi visą informaciją apie objektą.

snaudžia. Tačiau kiekvienas žmogus turi nesavanaudiškumo pagrindą. Vadinasi, visame pasaulyje nėra nė vieno žmogaus, kuris negalėtų pasiekti pusiausvyros su altruistine gamtos jėga – balanso, dėl kurio šios jėgos iš pat pradžių glūdi mumyse.

IX

Tobulumo ir amžinybės tikrovė

Kur žmogaus mintys, ten ir jis pats.

Baal Šem Tovas

Tikrovės suvokimas

Jeigu žmogus pradeda realizuoti visa, apie ką papasakojome, jeigu laiko save vienos bendros sistemos, kuriai priklauso visi žmonės, dalimi, jeigu šį žinojimą perduoda kitiems ir kuria aplinką, kuri jį rems tobulėjimo kelyje, tada jis palaipsniui išsiugdo tikrąjį stiprų ir užbaigtą norą įgyti gamtos altruizmo savybę. Jau pats kelias į šį norą – iššūkis, jis pripildo mūsų gyvenimą visapusiško turinio, suteikia giliausią prasmę. Galutinai susiformavęs altruistinis noras žmogui atveria naują tikrovę.

Prieš aprašydami šią tikrovę ir pojūčius, kuriuos patiria joje esantis žmogus, išsiaiškinkime bendrą tikrovės suvokimo mechanizmą. Iš pirmo žvilgsnio šis ekskursas gali atrodyti nereikalingas ir beprasmis. Kas nežino, kas yra tikrovė? Tikrovė – visa, kas mus supa, visi mūsų matomi daiktai: sienos, namai, žmonės, visa Visata. Tikrovė – tai, ką galima paliesti, išgirsti, paragauti, pauostyti ir t.t.

Tačiau situacija nėra tokia paprasta, kaip gali atrodyti. Didieji žmonijos protai šiam klausimui skyrė nemažai jėgų mėgindami sukurti mokslinę tikrovės suvokimo sampratą. Šiuolaikinės pažiūros, kurių dabar laikosi dauguma žmonių, formavosi etapais.

Izaoko Niutono klasikinė teorija teigė, jog pasaulis egzistuoja pats savaime, nepriklausomai nuo žmogaus. Visai nesvarbu, suvokia jį žmogus ar ne, kitaip tariant, gyvena jis pasaulyje ar ne, – pasaulis vis tiek egzistuoja ir turi tam tikrą formą.

Vėliau gamtos mokslų vystymasis leido traktuoti pasaulio vaizdą kaip kažką, ką jaučia gyvų būtybių jutimo organai. Paaiškėjo, jog jie jaučia skirtingai. Pavyzdžiui, bičių ar laumžirgių matymas mozaikinis. Šie vabzdžiai gauna regimąją informaciją per daugybę akies segmentų. Šuo pasaulį suvokia daugiausia per įvairius kvapus. Albertas Einšteinas aptiko fenomeną, kad stebėtojo ar stebimo objekto greičio pasikeitimas sukuria visiškai kitokį tikrovės vaizdą erdvės ir laiko ašyse. Šis teiginys iš esmės skiriasi nuo Niutono požiūrio.

Pavyzdžiui, įsivaizduokime lazdą, judančią erdvėje. Kas nutiks, jeigu priversime ją judėti labai dideliu greičiu? Pagal Niutoną, kad ir koks būtų judėjimo greitis, lazdos ilgis nepasikeis. Pagal Einšteiną, lazda ims trumpėti. Šiuolaikinės koncepcijos suformavo progresyvesnį požiūrį į tikrovės suvokimo klausimą. Požiūrio esmė ta, kad pasaulio vaizdas priklauso nuo stebėtojo: skirtingos savybės, jutimo organai ir stebėtojų judėjimo būsenos lemia jų skirtingą tikrovės suvokimą. Praeito amžiaus ketvirtą dešimtmetį buvo suformuluoti kvantinės mechanikos, kuri mokslo pasaulyje sukėlė revoliuciją, principai. Ji teigia, jog žmogus geba daryti įtaką jo stebimam įvykiui. Tokiu atveju tyrinėtojas tegali kelti klausimą: ką jo matavimo prietaisai rodo? Beprasmiška mėginti tyrinėti procesą atsiejus nuo savęs arba pačią objektyvią tikrovę. Kvantinės mechanikos ir kitų sričių atradimai nulėmė šiuolaikinį mokslinį požiūrį į tikrovės suvokimą: žmogus veikia pasaulį ir tai darydamas kartu veikia savo paties pasaulio suvokimą. Tikrovės vaizdas yra tam tikras stebėtojo ir jo suvokiamo objekto savybių vidurkis.

Šiuolaikinis mokslas atskleidžia, kad iš tiesų pasaulis neturi jokio vaizdo. „Pasaulis" – reiškinys, žmogaus patiriamas savyje ir atspindintis, kokiu laipsniu jis atitinka universalią, visapusišką išorinę gamtos jėgą, kuri yra, kaip jau buvo sakyta, absoliučiai altruistinė. Būtent laipsnis, kuriuo žmogaus asmeninės savybės atitinka arba neatitinka išorinio gamtos altruizmo, įsivaizduojamas kaip „pasaulio vaizdas". Taigi supančios tikrovės vaizdas visiškai priklauso nuo mūsų vidinių savybių ir mes pajėgūs jį keisti tiek, kad jis taptų diametraliai priešingas.

Kad geriau suprastume mūsų tikrovės suvokimo mechanizmą, įsivaizduokime žmogų kaip dėžę, turinčią penkias ertmes, atitinkančias penkis jutimo organus. Šios dėžės viduje ryškėja supančios tikrovės vaizdas.

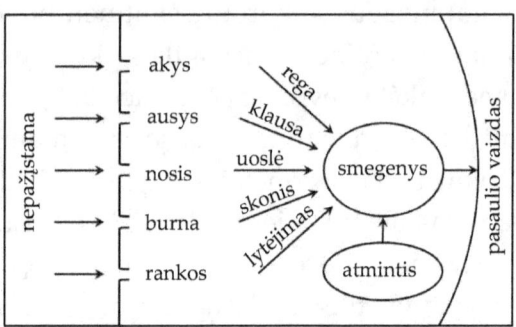

Pavyzdžiui, pažvelkime, kaip sudarytas klausos organas. Garso bangos sukelia būgnelio virpesius, kurie persiduoda klausomiesiems kauliukams. Šio proceso rezultatas: bioelektriniai impulsai siunčiami į smegenis, kurios paverčia juos įvairiais garsais. Visa tai įvertinama jau po būgnelio sudirginimo. Analogiškai veikia ir kiti jutimo organai.

Iš tikrųjų mes įvertiname savo vidines reakcijas, o ne kažkokius išorinės tikrovės veiksnius. Mūsų girdimas garsų diapazonas, matomas šviesos spektras ir t. t. priklauso nuo suvokimo organų gebėjimo. Esame uždaryti savo „dėžėje" ir niekada nežinome, kas iš tiesų vyksta išorėje.

Visų jutimo organų signalai galiausiai patenka į tam tikroje smegenų dalyje esantį „valdymo centrą". Gauta informacija palyginama su atmintyje saugomais duomenimis ir atvaizduojama savotiškame „kino ekrane", žmogui pademonstruojamas tarytum iškylantis priešais jį pasaulio vaizdas. Taip žmogus nustato, kur jis yra ir ką turi daryti. Šio proceso metu tai, kas buvo nepažįstama, tampa tarsi pažįstama ir žmogui kyla „išorinės tikrovės" vaizdas. Tačiau iš esmės tai ne išorinė tikrovė, o tik vidinis vaizdas.

Imkime, pavyzdžiui, regėjimą, kuris mums atveria nuostabų didžiulį pasaulį. Iš tikrųjų šį vaizdą matome tik savyje, toje mūsų smegenų dalyje, kuri yra tam tikra „fotokamera", atvaizduojanti visus mūsų jaučiamus regimuosius vaizdus. Išorėje mes nematome nieko, tiesiog mūsų smegenys yra tarsi veidrodis, kuris kiekvieną objektą atspindi taip, tarsi jį stebėtume išorėje, priešais save.

Taigi tikrovės vaizdas yra žmogaus jutimo organų sandaros ir informacijos, kuri jau susikaupė mūsų smegenyse, padarinys. Jeigu turėtume kitus jutimo organus, matytume kitokį pasaulio vaizdą. Galbūt tai, kas dabar mums atrodo šviesa, atrodytų tamsa arba būtų apskritai neprieinama žmogaus vaizduotei.

Svarbu paminėti ir tai, jog jau daugelį metų mokslui yra žinoma, kad žmogaus smegenyse galima stimuliuoti elektrinius dirginimus. Kartu su atmintyje turima informacija jie sukuria buvimo tam tikroje vietoje, tam tikroje situacijoje pojūtį. Be to, naudodami elektroninę įrangą išmokome jutimo organus pakeisti dirbtiniais prietaisais. Išrasta daug pagalbinių priemonių klausos aparatui –

pradedant stiprintuvais, kompensuojančiais klausos pažeidimą, baigiant elektrodais, įsodinamais į ausį visai kurtiems žmonėms. Jau rengiama dirbtinė akis ir net dar daugiau – elektrodai, implantuoti į smegenis, garsinę informaciją keičia vizualine, t. y. garsus verčia vaizdais. Dar viena šių dienų inovacinė technologija: į akį įmontuojama miniatiūrinė kamera, kuri šviesos spindulius, einančius pro vyzdį, transformuoja į elektros impulsus. Po to šie impulsai perduodami į smegenis, kur virsta vaizdu.

Be abejonės, ateis diena, kai visiškai įvaldysime šią technologijų sferą, išplėsime savo įgimtų juslių diapazoną ir pradėsime serijinę dirbtinių organų, o gal ir viso kūno gamybą. Tačiau ir šiuo atveju suvokiamas pasaulio vaizdas išliks tiktai vidiniu vaizdu.

Vadinasi, visi mūsų pojūčiai tėra vidinės reakcijos, nesusijusios su supančia tikrove. Net negalime teigti, kad ji egzistuoja, juk „išorinio" pasaulio vaizdas susiformuoja mumyse.

Gamtos programa

Tyrinėjant gamtą išaiškėjo, kad atsirandant ir tęsiantis gyvenimui, kiekviena ląstelė ir kiekviena sistemos dalis turi atsiduoti viso organizmo poreikiams. Tačiau žmonių visuomenė nesilaiko šios taisyklės, taigi kyla klausimas: kaip apskritai galime egzistuoti? Juk egoistinė ląstelė sukelia vėžį ir pasmerkia mirčiai visą kūną. O mes, būdami bendros sistemos egoistinė dalis, vis dėlto gyvename! Taip yra todėl, kad mūsų dabartinio egzistavimo apskritai negalima vadinti „gyvenimu".

Iš tikrųjų žmogus nuo kitų gamtos lygmenų skiriasi tuo, kad jo egzistavimas padalytas į dvi pakopas:

• Pirmoji pakopa – dabartinis etapas, kai kiekvienas mūsų jaučiasi atsiskyręs nuo kitų, todėl jų nepaiso ir stengiasi juos išnaudoti.

• Antroji pakopa – ištaisytas egzistavimas, kai žmonės veikia kaip vienos sistemos dalys, patirdami tarpusavio meilę, davimą, tobulumą ir amžinybę.

Būtent antroji pakopa ir vadinama „gyvenimu". Dabartinis pereinamasis etapas skirtas parengti mus savarankiškai pasiekti ištaisytą, amžiną būseną, tikrąjį gyvenimą. Šiandieninį mūsų egzistavimą galima apibrėžti kaip įsivaizduojamą gyvenimą arba tariamą realybę, o ištaisytą egzistavimą su altruistiniu ketinimu apibūdinsime kaip tikrąjį gyvenimą arba tikrąją realybę.

Tikroji realybė iš pat pradžių buvo paslėpta nuo mūsų, kitaip tariant, mes iš prigimties nesugebame jos pajusti, nes žmogus save ir pasaulį suvokia pagal savo norą, asmenines, tik jam būdingas vidines savybes. Šiandien mes nejaučiame, kad visi žmonės yra sujungti į vieną visumą, – nejaučiame todėl, kad tokie tarpusavio santykiai mums atrodo nenatūralūs ir netgi kažkuo atstumiantys.

Nuo gimimo mumyse glūdintis egoistinis noras mėgautis nesuinteresuotas šia sąjunga ir trukdo mums įžvelgti, kaip yra iš tikrųjų. Mus supa begalė tikrovės detalių, kurių nesuvokiame. Mūsų protas tarnauja egoistiniam norui ir pagal jo nurodymus apdoroja jutimo organų signalus. Mes negebame pajusti to, kas neįeina į mūsų egoizmo interesų ratą, nesusiję tiesiogiai su nauda ar žala jam. Taip užprogramuoti mūsų jutimo organai, būtent remdamasis šiuo apskaičiavimu žmogus suvokia tikrovę.

Jei išsiaiškinome, kas vyksta, pamėginkime šį tikrovės vaizdą paversti priešingu ir suprasti, kaip tikrovė suvokiama altruistiniu noru. Įsivaizduokime, jog mūsų pojūčiai „suderinti" taip, kad jaučiame, kas yra gerai aplinkiniams. Tokiu atveju priešais mus iškils visiškai kitokie vaizdai ir detalės, kurių anksčiau nepastebėjome; o viskas, ką matėme, atrodys absoliučiai kitaip.

Formuodamas naują norą – tapti sveika žmonijos dalimi ir prilygti altruistinei gamtos jėgai – žmogus kuria kokybiškai kitos jutimo sistemos, nesusijusios su dabartine, pagrindus. Tai ištaisyta suvokimo sistema. Ji padeda žmogui suvokti naują pasaulio vaizdą – realaus pasaulio, kur mes visi sujungti vienas su kitu kaip vieno kūno dalys ir užpildyti begalinio malonumo.

Dabar galime patikslinti ir papildyti gyvenimo tikslo apibrėžimą, kurį suformulavome kaip „žmonių susijungimas". Gyvenimo tikslas – sąmoningai pakilti iš įsivaizduojamo egzistavimo lygmens į tikrosios būties lygmenį. Turime išvysti save ir realybę ne tokius, kokius matome dabar, o tikruosius. Juk mūsų dabartinė būsena – tariamo vaizdo, formuojamo pagal egoistinių jutimo organų teikiamą informaciją, vaisius. Jeigu stengsimės išsitaisyti ir savyje sukursime užbaigtą norą pasiekti altruizmą, mūsų suvokimo organai taps altruistiniai ir pajausime savo būseną kitaip. Tikroji būsena amžina: visi mes sujungti į vieną sistemą, į kurią plūsta nenutrūkstamas malonumo ir energijos srautas. Ši būsena – abipusis davimas, todėl patiriamas neribotas ir tobulas malonumas, o dabartinis etapas laikinas bei ribotas.

Šiandieninis mūsų gyvenimo jutimas kaip mažas amžino gyvenimo lašas, nusileidęs iki žemesniųjų egzistavimo lygmenų. Šis lašas – bendros altruistinės gamtos jėgos sudėtinė dalis, prasiskverbianti į mūsų egoistinius norus ir įkvepianti gyvybę, nesvarbu, kad šie jos neatitinka. Tos tobulybės dalelės funkcija yra palaikyti mūsų pirminio, materialaus lygmens egzistavimą, kol pajusime tikrąją dvasinę realybę. Mūsų dabartinis trumpalaikis gyvenimas – tarytum laikinai įteikta dovana, kad panaudotume ją kaip priemonę tikrajai būčiai pasiekti. Tada mūsų pojūčiai neapsiribos šiuo mažmožiu, visa neišsenkanti gamtos energija, meilės ir davimo jėga užpildys mūsų gyvenimą.

Dvasinė tikrovė yra aukščiau mūsų ne fizine, o kokybine prasme. Kilimas iš materialios tikrovės į dvasinę yra žmogiškojo noro kilimas į altruizmo, prigimtinės meilės ir davimo savybę. Jausti dvasinį pasaulį reiškia jausti, jog esame susiję tarpusavyje kaip vienos bendros sistemos dalys, suvokti aukštesnįjį gamtos lygmenį. Mūsų gyvenimo tikslas – pakilti į dvasinę tikrovę ir jausti ją kartu su materialia, kitaip tariant, jausti ją egzistuojant fiziniame šio pasaulio kūne.

Pagal gamtos programą žmonija buvo sukurta taip, kad tūkstantmečius vystydamasi jaustų tik pirminį įsivaizduojamą lygmenį. Dabar jau yra sukaupta pakankamai patirties, ir žmonija gali įsisąmoninti, jog egoistinis egzistavimas yra betikslis ir į laimę neveda. Todėl būtina pereiti į antrąjį lygmenį – „ištaisytą altruistinę egzistenciją". Globali egoistinės raidos krizė atskleidžia perėjimo tašką tarp dviejų tikrovės lygmenų. Turime žiūrėti į mūsų laikus kaip į ypatingą etapą, nušviestą artėjančių permainų prošvaistės. Tai posūkis žmonijos istorijoje, perėjimo į amžiną ir tobulą egzistavimą taškas, iš anksto gamtos užprogramuota žmonių giminės vystymosi viršūnė.

Derėtų paaiškinti, kad malonumas, kurio siekiame šiandien, visiškai skiriasi nuo jausmo, apimančio įgijus gamtos altruizmo savybę. Šiandien žmogus mėgaujasi tuo, kad jaučiasi vienintelis, nepakartojamas, pats geriausias. Egoistinį norą galima pripildyti malonumo, tik palyginus su kažko stoka, su savo ankstesniu ar kitų žmonių poreikiais. Tokie malonumai reikalauja neatidėliotinų ir nuolatinių papildymų, nes noro pripildymas tuojau pat jį anuliuoja, kaip jau minėjome antrajame skyriuje. Galiausiai per trumpą laiką malonumo pojūtis visai išnyksta. O vėliau, egoizmui sustiprėjus, žmogus gali jausti pasitenkinimą tik tada, kai artimą ištinka nelaimė.

Altruistinis malonumas yra priešingas. Jis jaučiamas ne mūsų viduje, aplinkiniams sudarant foną, o jų viduje. Tai tam tikra prasme panašu į motinos ir vaiko santykius. Motina myli kūdikį, todėl jaučia malonumą matydama, jog mažylis mėgaujasi tuo, ką ji jam duoda. Jos pasitenkinimas didėja jam vis labiau mėgaujantis. Pastangos, kurias ji deda rūpindamasi vaiku, suteikia jai didesnį malonumą nei bet kas kitas. Žinoma, taip pasitenkinti galima tik mylint kitus, ir pasitenkinimo stiprumas priklauso nuo meilės stiprumo. Iš esmės meilė – pasiryžimas rūpintis artimo gerove ir jį aptarnauti. Žmogus, jaučiantis, kad mes visi esame vienos bendros sistemos dalys, savo užduotį, egzistavimo prasmę ir atlygį mato kaip šią tarnystę. Taigi tarp šių dviejų mėgavimosi būdų yra didžiulis skirtumas.

Žmogus, kuris įgijo altruizmo savybę, turi „kitą" širdį, „kitą" protą. Jo norai ir mintys visiškai kitokie ir todėl tikrovę jis suvokia skirtingai nei mes. Altruistinis požiūris į artimą padeda jam įveikti savos „ląstelės" ribas, prisijungti prie „bendro kūno", kuris teikia jam gyvybinių jėgų. Tokiam žmogui sistema, kurios dalys mes visi esame, tampa gyva, jis pajunta visos gamtos amžiną gyvenimą, begalinį energijos ir malonumo srautą, užpildantį pasaulio vienybę.

Mūsų gyvenimo pojūtį sudaro dvi dalys: jausmas ir protas. Perėmęs bei apmąstęs amžinos gamtos jausmą ir protą, žmogus prasiskverbia į tą gamtą ir ja gyvena. Gyvenimas nebeatrodo atsitiktinis blykstelėjimas, pasmerktas užgesti. Susivienijęs su amžina gamta, net kai netenka savo biologinio kūno, žmogus nesiliauja jautęs gyvenimo.

Kūno mirtis reiškia sistemos, kuri atsako už materialios tikrovės suvokimą, veiklos pabaigą. Penki jutimo organai nutraukia informacijos, patenkančios į smegenis, tėkmę, šios savo ruožtu liaujasi rodyti materialaus pasaulio vaizdą savo „kino ekrane". Tačiau dvasinės tikrovės suvokimo sistema nepriklauso materialaus pasaulio lygmeniui, ji tęsia funkcionavimą ir po biologinio kūno mirties. Jeigu žmogus, gyvendamas materialiame pasaulyje, pajuto savo tikrovę per dvasinę suvokimo sistemą, šis jausmas išlieka ir kūnui mirus.

Yra didžiulis skirtumas tarp gyvenimo, kurį jaučiame dabar, ir gyvenimo, kurį galime pajusti kitame raidos etape. Kad nors kiek būtų perteiktas šis skirtumas, kartais pasitelkiamas žvakės ar kibirkšties palyginimas su begaline šviesa arba vienos smiltelės – su visu pasauliu. Dvasinio gyvenimo įgijimas – žmonėse slypinčio potencialo realizavimas. Kiekvienas iš mūsų gyvendamas šiame pasaulyje turi pasiekti naują pakopą.

Praregėjimas

Baigdami šį skyrių atlikime nedidelį pratimą. Įsivaizduokime, kad esame tam tikroje erdvėje, kur nieko nematome ir nieko negirdime, kur nėra kvapų, skonio, lytėjimo pojūčių. Įsivaizduokite: ši būsena tęsiasi taip ilgai, kad mes užmirštame savo jutimo organų galimybes, o vėliau iš atminties išsitrina netgi buvusių jutimų pėdsakai.

Staiga atsklinda kažkoks aromatas. Jis vis stiprėja ir apgaubia mus, nors dar negalime atpažinti nei paties kvapo, nei jo šaltinio. Vėliau iki mūsų ima sklisti ir kiti įvairaus intensyvumo kvapai, viliojantys arba, atvirkščiai, nemalonūs. Nors ir sklinda iš skirtingų pusių, jie jau padeda mums orientuotis, ir eidami įkandin jų galime rasti savo kelią.

Paskui staiga tylą pripildo skirtingi, iš visų pusių pasigirstantys garsai ir balsai. Jie labai įvairūs: vieni – melodingi kaip muzika, kiti – trūkinėjantys kaip žmogaus kalba, o kai kurie tiesiog neaiškūs. Tai gerina mūsų gebėjimą orientuotis erdvėje. Dabar galime nustatyti kryptį ir atstumą, taip pat spręsti apie ateinančios informacijos šaltinius. Mus jau supa ištisas garsų ir kvapų pasaulis.

Po kiek laiko prisideda naujas pojūtis, kai kažkas liečia mūsų odą. Šie prisilietimai tai šilti ir šalti, tai sausi ir drėgni, tai kieti ir minkšti, yra ir tokių, kuriuos sunku nusakyti... Jei kažkas patenka į burną, nustebę pajuntame skonį. Pasaulis tampa vis turtingesnis. Jame gausu garsų, spalvų, skonių ir aromatų. Turime galimybę liesti daiktus ir tirti savo aplinką. Ar galėjome pagalvoti apie tokią įvairovę, kai šių suvokimo organų neturėjome? Jeigu jūs būtumėte akli nuo gimimo, ar jaustumėte regėjimo stoką? Ar žinotumėte, ko jums trūksta? Ne. Dėl analogiškos priežasties mes nepastebime, kad neturime dvasinio organo – sielos. Gyvename nežinodami, jog egzistuoja dvasinė dimensija. Ji yra atskirta nuo mūsų pojūčių ir mums jos nereikia. Šis pasaulis mus tenkina diena dienon, metų metus, iš kartos į kartą. Gimstame, gyvename, mėgaujamės, kenčiame ir galiausiai mirštame, taip ir nepajutę kito, dvasinio gyvenimo pripildyto tikrovės sluoksnio.

Ši situacija tęstųsi iki begalybės, jeigu mumyse nepradėtų reikštis nauji, nesutramdomi pojūčiai: tuštuma, egzistavimo beprasmybė, būties betiksliškumas. Netgi visų turimų norų realizavimas mūsų nebedžiugina – mums nuolat ko nors trūksta. Pažįstamas gyvenimas su visomis grožybėmis ir pagundomis palaipsniui liaujasi mus tenkinęs.

Iš tiesų tokia padėtis liūdina, todėl stengiamės apie ją negalvoti. Ką čia padarysi? Šiandien iš tikrųjų visi taip gyvena.

Šiuos jausmus sąlygoja prabudęs naujas noras – siekis mėgautis iš nežinomo šaltinio kažkuo pakiliu, viską aplinkui pranokstančiu. Jeigu dabar imsim stengtis realizuoti tokį ambicingą polėkį, suprasime, kad siekiame to, ko mūsų pasaulyje nėra. Dauguma mūsų jau patiria šį potraukį kartu su tuštumos jausmu, persekiojančiu mus kasdieniame gyvenime. Kalbama apie natūralius, iš anksto gamtos užprogramuotus procesus. Naujas noras leidžia suprasti, kad yra kažkas už žinojimo ribų, – ir mes pradedame dairytis aplinkui. Tereikia leisti šiam norui mus vesti pirmyn, tereikia klausytis savo širdies ir tuomet nubusime, kad išvystume tikrąją realybę ir visą nepaprastą jos grožį.

X

Pusiausvyra su gamta

Šiame skyriuje paliesime vieną mūsų tematikos aspektą, kurio nagrinėjimas padės sutelkti dėmesį ir išryškinti ankstesnius klausimus.

Mūsų laikais, kai asmenybė ir visuomenė susiduria su daugybe sunkumų, pasaulyje plinta nauja tendencija, turinti vis daugiau sekėjų: „grįžimas į gamtą". Kai kurie įžvelgia tame sprendimą ir tikisi, jog šiame kelyje jų laukia gerosios permainos.

Kyla klausimas: ar yra ryšys tarp „grįžimo į gamtą" ir pusiausvyros su ja? Ar pasieksime balansą su gamta „grįžę" į jos prieglobstį?

„Grįžimo į gamtą" idėjos esmė – gyventi natūralesnį gyvenimą, būdingą praeities kartoms, kurios įsiliedavo į bendrą gamtos tėkmę. Šios idėjos šalininkai, be kitų dalykų, reikalauja gryno oro ir organinės žemės ūkio produkcijos, kai kurie iš miestų keliasi gyventi į kaimo vietoves. Judėjimui būdinga daugybė ypatumų, sąlygojamų idėjos, jog žmogaus artumas gamtai jį subalansuoja ir gerina savijautą.

Išstudijavę nuo civilizacijos atskirtų genčių senovinį gyvenimo būdą, įsitikinsime: kuo arčiau gamtos ir savo šaknų yra žmogus, tuo jis lengviau jaučia gamtos meilės jėgą. Pasaulio išminčių tarybos kongrese, vykusiame Arosoje (Šveicarija, 2006 m. sausis), buvo perskaitytas Džeinės Gudol, tyrusios šimpanzes ir gyvenusios gamtoje su jomis daugiau nei dvidešimt metų, pranešimas. Už savo tyrinėjimus, patvirtinusius svarbius mokslinius duomenis, ji pelnė daug prizų ir tarptautinį pripažinimą. Paklausta apie įspūdingiausią savo atradimą, Dž. Gudol atsakė, kad daug metų gyvendama natūralioje aplinkoje pajuto jos vidinę energiją, meilės jėgą. „Ilgainiui pradėjau jausti ir girdėti gamtą. Pajaučiau meilę ir tai, jog blogų jėgų nėra – yra tik vienas didingas Gamtos Sumanymas." Ilgai gyvendama džiunglėse ir įdėmiai tyrinėdama beždžiones ji pradėjo jas suprasti, suvokti jų pojūčius. Dž. Gudol suprato, kad beždžionės labai jaučia gamtą ir gyvena meile, kuri tvyro joje.

Tačiau, kad ir kokie jaudinantys bei malonūs būtų šie įspūdžiai, mes kalbame ne apie tokią pusiausvyrą. Pats stipriausias pojūtis, kuriuo šiuolaikinį žmogų gali apdovanoti „grįžimas į gamtą", ribojasi laikinu pakilimu veikiant gamtos meilės jėgai. Tai suvokimo trupinėlis, prieinamas kiekvienam gyvūnui. Juk žmogui gamta numatė žymiai aukštesnį išsivystymo lygmenį. Ne veltui ji išvijo mus iš olų ir džiunglių, privertusi sukurti visuomenę su visais reikiamais mechanizmais. Būtent visuomenėje, kuriai būdingas susvetimėjimas ir negebėjimas pakęsti artimo buvimo, reikia sukurti pusiausvyrą tarp savęs ir kitų žmonių pasinaudojant egoizmu kaip svertu. Pats savaime „grįžimas į gamtą" gali tapti įdomia patirtimi, tačiau jis nepadės išspręsti esminių šiuolaikinių problemų, kurios kyla iš žmogiškojo lygmens disbalanso.

Dažnai „grįžimą į gamtą" lydi tradicinių metodikų, tokių kaip joga, taidzi (taiči), elementai, meditacija ir kitos technikos. Tačiau šie metodai, žadėdami ramybę ir tobulybę, nepajėgūs mūsų priartinti prie gamtos tikslo, nes yra grindžiami egoizmo slopinimu, mažinimu. Pastarieji žmogaus asmenybę nuleidžia į gyvūninę, augalinę ir netgi į negyvąją pakopą – kitaip tariant, stumia mus atgal. Todėl šie būdai prieštarauja bendrai gamtos tendencijai: žmogaus kėlimui į aukštesnę, labiau ištaisytą pakopą.

Gamta neleis mums sumažinti savo egoizmo. Tai patvirtina Rytų kultūros, pavyzdžiui, Kinijos ar Indijos, kurioms iki šiol pavykdavo jį suvaldyti. Šiandien matome, kaip griūva jų užkardos: pastaruoju metu ten taip pat pradėta vaikytis turto ir valdžios, rekordiniais greičiais pamynus tradicines normas, kurių laikėsi daugelis kartų.

Didžiulis egoizmas, mūsų laikais apėmęs visą pasaulį, priklauso žmogiškajam lygmeniui. Kad galėtume atsilaikyti prieš jį, turime pasirinkti visiškai kitą metodiką, kurios tendencija priešinga egoizmo slopinimo nuostatai.

Pusiausvyra žmogiškuoju lygmeniu

Kad būtų paprasčiau aiškinti, pusiausvyrą, pasiekiamą mažinant egoizmą nuo žmogiškosios iki bet kurios kitos pakopos, pavadinkime „pusiausvyra gyvūniniu lygmeniu". Ji skiriasi nuo žmogiškojo lygmens balanso gamtos meilės jėgos pojūčio intensyvumu. Kad žmogiškuoju lygmeniu pasiektume pusiausvyrą su gamta, turime ištirti save ir nustatyti: kas ir kokia kryptimi mus skatina tobulėti, kaip kiekvienas mūsų ir visa žmonija vystosi, kuo prasideda procesas, kuo baigiasi ir koks yra jo tikslas. Be tokio vidinio savęs tyrinėjimo, per kurį galime patirti visus raidos etapus, neįmanoma suvokti gamtos sumanymo.

Šis tyrinėjimas žmogų veda į pusiausvyrą su gamta žmogiškojoje pakopoje – kitaip tariant, kelia jį į ištaisytą lygmenį, kai žmogaus neberiboja erdvė, laikas, judėjimas, kai jis suvokia visą tikrovės tėkmę. Proceso pradžia ir pabaiga susijungia, ir žmogus palaipsniui atskleidžia savyje visus etapus. Mes galime pamatyti ir suprasti visų dalių vienybę, nuostabią harmoniją, tarpusavio priklausomybę ir sąveiką. Taip žmogus sujungia vystymosi ratą ir daugiau nebemato „pradžios" ir „pabaigos": nei laiko, nei erdvės, nei priežasčių ir pasekmių. Jis aptinka, kad viskas iš pat pradžių užprogramuota gamtos.

Suvokdamas gamtos sumanymą, žmogus pradeda aukštesnės dimensijos egzistavimą ir jaučia amžinybę, tobulumą, nesiliaujantį malonumą. Žmogaus pasaulis yra ne „kūne", o jo „Aš" veiklos sferoje. Todėl jeigu žmogus suvokia visiškai kitokią tikrovę (amžiną, pakilią, tobulą), ten jis ir yra. Gamtos sumanymo suvokimas neapsiriboja komfortiškesniu pojūčiu, jo esmė ta, kad žmogus jaučiasi amžinas ir tobulas kaip pati gamta. Tik tokios būsenos, tik ištaisytoje visiško suvokimo pakopoje iš tikrųjų galima suprasti, kodėl tie, kurie jau suvokė gamtos jėgą, ją vadina „tobula".

Tiesa, sumažinęs savo egoizmą iki žemesnės nei žmogiškoji pakopos, žmogus taip pat gali pajusti gamtos tobulumą, tačiau jis pasieks tik gyvūninio lygmens suvokimą. Žmogui bus malonu bei gera fizine ir psichologine prasme, bet tik kurį laiką. Be paliovos didėjantis egoizmas mus atplėšia nuo gyvūninės pakopos neleisdamas ilgai tenkintis tokia būsena.

Kita vertus, galima sakyti, kad esant gyvūniniame lygmenyje gamtos tobulumas jaučiamas kaip laikina būsena, o ištaisytame – kaip amžinas, nuolatinis procesas. Pavyzdžiui, vienas žmogus gerai jaučiasi, visiškai nuslopinęs minties dinamiką ir rūpindamasis tik fiziniu pasitenkinimu; o kitas, atvirkščiai, naudojasi protu ir yra laimingas todėl, kad mintimis aprėpia visas gyvenimo puses nuo pradžios iki galo. Skirtumą tarp jų galima palyginti su skirtumu tarp gyvūninio ir žmogiškojo vystymosi lygmens. Tas, kuris mąsto apie gyvenimą, susijęs su kita gamtos dimensija.

Žmogus, suvokiantis tikrovę ištaisytoje pakopoje, gyvenime patiria ne tik „malonius pojūčius" – jis susijęs su tikrove, esančia aukščiau jo, su aukštesnio lygmens informacijos srautu ir procesų tėkme. Jis mėgaujasi suvokdamas gamtos tobulumą, išsivaduodamas iš visų ribojimų. Toks žmogus nebetapatina savojo „Aš" su kūnu. Jo mintys pakyla virš tikrovės, kurią jaučia penki jutimo organai, ir įsilieja į gamtos sumanymą, į bendrą amžiną informacijos lauką. Todėl jo „Aš" nesiliauja gyventi ir biologiniam kūnui mirus.

Taigi turime pasakyti, kad fizinis grįžimas į gamtą neturi nieko bendra su dvasiniu pusiausvyros atgavimu. Tokia „reversija" gali nukreipti mūsų dėmesį nuo būtinybės ieškoti žmogiškojo, mąstymo lygmens balanso.

Šioje knygos dalyje pateikėme tik pagrindinius principus, bendrai nušviečiančius žmonijos raidos etapus – tuos, kuriuos jau realizavome, ir tuos, kuriuos dar teks įveikti, kad pasiektume gamtos tikslą – visišką supanašėjimą su ja. Artimiausiu metu mes tapsime didelių žmonijos sąmonės permainų, kurios jau prasidėjo, liudininkais. Žmonija, be abejo, įvykdys gamtos programą. Klausimas tik vienas: kaip tai įvyks?

www.ingramcontent.com/pod-product-compliance
Lightning Source LLC
Chambersburg PA
CBHW071003080526
44587CB00015B/2327